Empregabilidade:
competências pessoais e profissionais

Empregabilidade:
competências pessoais e profissionais

Ana Lúcia Jankovic Barduchi (org.)
Ana Paula Bonilha Picoli
Francisco Sérgio Tittanegro
Josiane C. Cintra
Karla Guimarães Monteiro
Renato César Lena
Yaeko Ozaki

© 2010 by Ana Lúcia Jankovic Barduchi, Ana Paula Bonilha Piccoli, Francisco Sérgio Tittanegro, Josiane C. Cintra, Karla Guimarães Monteiro, Renato César Lena e Yaeko Ozaki.

Todos os direitos reservados. Nenhuma parte desta publicação poderá ser reproduzida ou transmitida de qualquer modo ou por qualquer outro meio, eletrônico ou mecânico, incluindo fotocópia, gravação ou qualquer outro tipo de sistema de armazenamento e transmissão de informação, sem prévia autorização, por escrito, da Pearson Education do Brasil.

Diretor editorial: Roger Trimer
Gerente editorial: Sabrina Cairo
Supervisor de produção editorial: Marcelo Françozo
Editores: Thelma Babaoka e Rogério Bettoni
Revisão: Carmen Teresa Simões da Costa
Capa: Alexandre Mieda
Ilustrações: Eduardo Borges
Projeto gráfico e diagramação: Casa de Idéias

Dados Internacionais de Catalogação na Publicação (CIP)
(Câmara Brasileira do Livro, SP, Brasil)

Empregabilidade : competências pessoais e profissionais / Ana Lúcia Jankovic Barduchi...[et al.]. – São Paulo : Pearson Prentice Hall, 2010.

Outros autores: Ana Paula Bonilha Piccoli, Francisco Sérgio Tittanegro, Josiane C. Cintra, Karla Guimarães Monteiro, Renato César Lena, Yaeko Ozaki.

Bibliografia
ISBN 978-85-7605-358-3

1. Aptidões 2. Auto-realização 3. Carreira profissional - Desenvolvimento 4. Competências 5. Felicidade 6. Habilidades básicas 7. Mudanças de vida - Acontecimentos 8. Sucesso profissional 9. Tecnologia - Aspectos sociais I. Barduchi, Ana Lúcia Jankovic. II. Piccoli, Ana Paula Bonilha. III. Tittanegro, Francisco Sérgio. IV. Cintra, Josiane C.. V. Monteiro, Karla Guimarães. VI. Lena, Renato César. VII. Ozaki, Yaeko.

09-06265 CDD-650.14

Índice para catálogo sistemático:

1. Empregabilidade : Competências : Desenvolvimento profissional e pessoal : Administração   650.14

2ª reimpressão – dezembro 2013
Direitos exclusivos cedidos à
Pearson Education do Brasil Ltda.,
uma empresa do grupo Pearson Education
Av. Francisco Matarazzo, 1400,
7º andar, Edifício Milano
CEP 05033-070 - São Paulo - SP - Brasil
Fone: 19 3743-2155
pearsonuniversidades@pearson.com

Distribuição
Grupo A Educação
www.grupoa.com.br
Fone: 0800 703 3444

SUMÁRIO

Prefácio IX

Capítulo 1
Visão de mundo 1
    Introdução 1
    1.1 O mundo em que vivemos 2
        1.1.1 Visão de mundo 2
        1.1.2 A preocupação com a mudança 3
        1.1.3 Transformações do homem a partir da revolução tecnológica 3
        1.1.4 Era da consciência 4
    1.2 Questões fundamentais do mundo contemporâneo 6
        1.2.1 Educação 6
        1.2.2 Diversidade cultural 8
        1.2.3 Ética 11
        1.2.4 Responsabilidade socioambiental 11
        1.2.5 A questão da espiritualidade 12
    Referências 13
    Atividades 14

Capítulo 2
Projeto de vida: um jeito de estar no mundo 15
    Introdução 15
    2.1 O que é um projeto de vida? 16
    2.2 Quem é o responsável por elaborar o projeto de vida? 18
    2.3 Quando e por que elaborar um projeto de vida? 20
    2.4 Como elaborar um projeto de vida? 23
        2.4.1 Elaborando o projeto de vida passo a passo: questões fundamentais 24
    Referências 26
    Saiba mais 27
    Atividades 27
    Tema para reflexão e produção de texto 29

Capítulo 3
Trabalho, emprego e empregabilidade 30

Introdução 30
3.1 Histórico sobre trabalho 30
3.2 Emprego *versus* trabalho 31
    3.2.1 Como o trabalho é visto nos dias atuais 32
    3.2.2 Cenário futuro 33
3.3 A questão da empregabilidade 34
3.4 Empresariedade 38
3.5 Neoliberalismo no mundo do trabalho 40
3.6 A Classificação Brasileira de Ocupações e a questão das competências 41
3.7 Dados mundiais e brasileiros sobre emprego e empregabilidade 42
Referências 47
Atividades 47
Tema para reflexão e produção de texto 48

Capítulo 4
Marketing pessoal: sua imagem no mundo 49

Introdução 49
4.1 Cenário 50
4.2 Marketing e marketing pessoal: conceitos 51
4.3 A importância do marketing pessoal 51
4.4 Como aplicar os componentes de marketing ao marketing pessoal 53
    4.4.1. Produto: você 53
    4.4.2. Embalagem 54
    4.4.3. Pesquisa 55
    4.4.4. Divulgação 56
    4.4.5. Marca pessoal 58
Referências 60
Atividades 60
Tema para reflexão e produção de texto 61

Capítulo 5
Comunicação, elaboração e aceitação de críticas 62

Introdução 62
5.1 Comunicação 63
5.2 Conceito de crítica ou *feedback* 67
    5.2.1 A crítica construtiva 68
    5.2.2 A crítica destrutiva 72
Referências 74
Saiba mais 75
Atividades 75
Tema para reflexão e produção de texto 76

Capítulo 6
Convívio social: respeito e educação 77
    Introdução 77
    6.1 A educação 78
        6.1.1 Aprendendo a dialogar 79
    6.2 Competitividade e respeito mútuo 80
    6.3 Comportamento ético 82
    6.4 Comportamento socialmente eficaz 83
    6.5 A composição da sua imagem 84
    6.6 Comportamento no trabalho 85
        6.6.1 Primeira dica: aprenda a ouvir 86
        6.6.2 Segunda dica: bom humor 87
        6.6.3 Terceira dica: portar-se bem 87
        6.6.4 Quarta dica: facilitar a vida no trabalho 89
        6.6.5 Quinta dica: seu comportamento virtual 90
    Saiba mais 91
    Atividades 91
    Tema para reflexão e produção de texto 92

Capítulo 7
Elaboração de currículo 93
    Introdução 93
    7.1 Currículo 94
        7.1.1 O que NÃO se deve fazer na elaboração do currículo 95
        7.1.2 Aspectos éticos 96
        7.1.3 Cuidados na elaboração do currículo 96
        7.1.4 Tipos de currículo 96
        7.1.5 Preparação para elaboração do currículo 97
    7.2 Carta de intenção ou de apresentação 100
    7.3 Interpretação de um anúncio de emprego 103
    7.4 Dicas para o *job-hunter* 104
    7.5 A remessa do currículo 104
    7.6 Formas alternativas de apresentação do currículo 105
        7.6.1 Elaboração do portfólio 105
        7.6.2 Currículo em vídeo 106
        7.6.3 Currículo informatizado 106
        7.6.4 Currículo Lattes 107
    Referências 107
    Atividades 108

Capítulo 8
Mercado de trabalho: como identificar e conquistar oportunidades 111
    Introdução 111

8.1 As oportunidades do mercado de trabalho 112
8.2 As principais técnicas de recrutamento aplicadas pelas empresas 113
8.3 Como se preparar para participar da etapa de recrutamento de maneira eficaz 114
8.4 As principais técnicas de seleção aplicadas pelas empresas 115
8.5 Como se preparar para participar da etapa de seleção de maneira eficaz 117
    8.5.1 Análise de currículo 119
    8.5.2 Contatos iniciais 119
    8.5.3 Entrevistas 123
    8.5.4 Dinâmica de grupo 127
    8.5.5 Testes práticos 127
    8.5.6 Testes de conhecimentos 128
    8.5.7 Testes psicológicos 129
    8.5.8 Inventários 129
    8.5.9 Outras técnicas 130
    8.5.10 Consulta a sites de relacionamento 130
    8.5.11 Negociação salarial 130
8.6 Encerramento: últimas recomendações 131
Referências 132
Saiba mais 132
Atividades 133
Tema para reflexão e produção de texto 134

Capítulo 9
Planejamento financeiro pessoal 135
Introdução 135
9.1 Decisões de investimento 138
    9.1.1 Investimentos temporários 138
    9.1.2 Investimentos permanentes 139
9.2 Decisões de financiamento 140
    9.2.1 Fontes de financiamento de terceiros 140
    9.2.2 Fontes de financiamento próprias 141
    9.2.3 Planejamento financeiro 142
    9.2.4 Controle financeiro 145
9.3 Inadimplência/Insolvência 146
Saiba mais 148
Atividades 148
Pesquisa 148

PREFÁCIO

ABAIXO O PARADIGMA

Imagine um velho de barbas brancas, vestido com uma túnica rústica, sapatos medievais e ao lado de uma geringonça de madeira com um grande parafuso. Parecia uma grande prensa em um prédio não muito distante da catedral de Mainz, na Alemanha, uns 50 quilômetros de Frankfurt. Ele chamou seus amigos, muito religiosos, e mostrou que aquela máquina iria imprimir pela primeira vez uma página de um livro. Gutenberg imprimiu a primeira página da Bíblia e provocou uma explosão que seria ouvida no mundo todo por muito tempo. Ele tinha inventado a impressora de tipos móveis. E daí?, diziam os velhos copistas que ganhavam sua vida copiando, um a um, os livros nos conventos e monastérios. O velhinho de barbas brancas, com uma só prensada, tinha quebrado o paradigma de que os livros só existiam porque eram copiados pelos monges trapistas, enfurnados em bibliotecas às quais somente alguns tinham acesso, e a um custo caríssimo. Levava anos e anos para se copiar um livro e desenhar aquelas letras douradas e enroladas na abertura dos capítulos. Tudo mudou em pleno século XVI, alguns anos depois da chegada de Cabral ao Brasil. É claro que naqueles dias em que Gutenberg trabalhava imprimindo página por página da Bíblia pouquíssimas pessoas entendiam o que estava acontecendo. Você sabe como é, a maioria é sempre refratária às mudanças, e não se educam para aceitar o novo, o revolucionário, o instigante. Aliás, dizia Fritz, assessor do livreiro, pior que não aceitar o novo é não largar o velho, o ultrapassado, o carcomido... E se não se esvazia a cabeça do antigo, do ultrapassado, não cabe o novo. Em suma, nasceu aí uma lição que vale para todo o sempre, até para nós: é preciso mudar.

Certamente já disseram a você que vivemos na idade da mudança; no entanto, é só o departamento de trânsito da cidade mudar uma única mão de direção de uma rua que percorremos todos os dias para a gente ficar mal-humorado, irritado, xingando o guarda... Imagine se o método com o qual a gente trabalha mudasse todo dia, como mudou a produção de livros com o Gutenberg! Seria um deus nos acuda! A primeira frase que se ouve é: "Em time que está ganhando não se mexe". E ponto final. Entretanto, nos dias atuais as coisas insistem em continuar mudando e, o que é pior, ou melhor, com uma velocidade cada vez mais acelerada. Não sei quem acelerou dessa forma o processo histórico como nunca ocorrera desde a época das cavernas, da prensa do Gutenberg. E você e eu estamos no meio desse turbilhão. O que vamos fazer, fechar os olhos e ficar agarrados aos velhos paradigmas? Dirigir uma belíssima Ferrari olhando só pelo retrovisor, sem nunca olhar para a frente? Certamente sua resposta será não!

Você vai dizer que propor mudanças é perigoso, e é mesmo. No tempo do velhinho de Mainz, um outro quebrador de velhos conceitos quase foi mandado para a fogueira porque insistia em dizer que o planeta Terra se movia. Galileu Galilei só escapou porque na hora H desdisse tudo o que disse, negou tudo, mas lá no finzinho do processo contra ele Galileu jocosamente disse: "Mas que ela se move, se move". Pior que enfrentar os reacionários, aqueles que reagem às mudanças, é enfrentar a gente mesmo. Somos, você e eu, os primeiros a se acomodar e não se dar nem ao trabalho de saber o que mudou. Não vi, não li e não gostei. E com essa atitude é difícil entender o que se passa no mundo do século XXI, o século da consciência, como dizem mais à frente os professores autores deste livro. É com essa disposição de entender que a mudança é o confortável, que nos coloca no mundo real, que este livro foi escrito e, para entendê-lo e aproveitá-lo ao máximo, basta você mudar de atitude. Eu já mudei.

Heródoto Barbeiro
Jornalista da TV Cultura/CBN

CAPÍTULO 1

VISÃO DE MUNDO

Ana Paula Bonilha Piccoli
Renato César Lena

OBJETIVOS DE APRENDIZAGEM

Após ler o texto e praticar as atividades propostas, você será capaz de:

- Definir visão de mundo.
- Conhecer parte do que caracteriza o mundo atual, marcado por mudanças e pelas tecnologias.
- Compreender o momento de transição da era do conhecimento para a era da consciência.
- Compreender a importância da educação, fundamentada nos quatro pilares propostos pela Unesco, do respeito à diversidade e sua valorização, da responsabilidade socioambiental, da ética e da espiritualidade no aperfeiçoamento da visão de mundo.
- Reconhecer a necessidade de ampliação da visão de mundo para a sobrevivência do homem, da natureza e do planeta.

INTRODUÇÃO

O mundo em que vivemos está organizado por regras sociais, econômicas e políticas e pode ser compreendido, dentre outros modos, a partir da cultura de cada um dos povos que o habitam e do conhecimento produzido e acumulado por eles.

Sabemos que o mundo está em constante mudança e evolução, haja vista o desenvolvimento tecnológico e científico, bem como as condições humanas de sobrevivência e de novas posturas que temos de assumir diante das mudanças. No entanto, existem alguns aspectos que são parte do mundo desde a Antiguidade, como a necessidade de viver e organizar-se em grupos. Assim, muito do que acreditamos ser novidade pode tratar-se de um aperfeiçoamento ou melhoria de coisas preexistentes.

Este capítulo, ao abordar assuntos como conhecimento, diversidade, ética e cidadania, espiritualidade e sustentabilidade, pretende:

1. Estimular reflexões sobre o que caracteriza o mundo contemporâneo (atual), buscando resgatar o ser humano como personagem principal (protagonista) desse espaço.
2. Auxiliá-lo a identificar a própria visão de mundo, para que se posicione nele.

Para que esses objetivos sejam atingidos, apresentaremos algumas características do mundo em que vivemos e suas questões fundamentais. Convidamos você a uma leitura atenta deste capítulo, pois o entendimento da sua visão de mundo influenciará todo o seu projeto de vida, seja ele pessoal ou profissional.

1.1 O MUNDO EM QUE VIVEMOS

1.1.1 Visão de mundo

Talvez a primeira pessoa a utilizar a expressão 'visão de mundo' tenha sido o filósofo alemão Immanuel Kant,[1] na obra *Crítica do juízo*, de 1790. Para ele, visão de mundo significa a percepção do mundo e das artes por meio dos sentidos.

Cada indivíduo cria a própria visão de mundo, baseada em sua percepção do cotidiano e daquilo que mais o afeta. Atualmente, em função das constantes mudanças sociais, econômicas e culturais, deve-se reformular essa visão com frequência. Não há como julgá-la ou categorizá-la como certa ou errada, mas é bem provável que quanto maior a cultura e o conhecimento do indivíduo, mais abrangente e clara seja sua visão.

A dualidade é uma questão que se faz presente na busca do homem em compreender o mundo no qual está inserido e na construção de sua visão desse mesmo mundo. Essa dualidade, no passado, separava as 'coisas do mundo' com muita clareza — por exemplo, bem e mal, justo e injusto, vida e morte — e facilitava muito seu entendimento. O que é certo hoje pode ser errado amanhã, e o bom pode transformar-se em ruim. Podemos citar como exemplo de dualidade a questão do avanço constante da tecnologia, que, por um lado, melhora e facilita nossa vida e, por outro, estimula o individualismo em um mundo que, mais do que nunca, depende da interação e da forte convivência entre as pessoas.

> **PARA FIXAR**
>
> Percepção é a interpretação feita pelo cérebro dos dados que nos chegam por meio dos sentidos (visão, audição, tato, paladar, olfato).

---

1 Immanuel Kant, filósofo alemão nascido em 22 de abril de 1724 na cidade de Königsberg, onde faleceu em 12 de fevereiro de 1804. É considerado o último grande filósofo da era moderna.

1.1.2 A preocupação com a mudança

A preocupação com os eventos que fazem parte da existência e do dia a dia do homem, assim como com suas constantes transformações, vem sendo o foco de atenção desde os primeiros filósofos da Grécia Antiga, há cerca de 2,5 mil anos. Podemos citar, por exemplo, Heráclito de Éfeso (c. 540-480 a.C.), que expressou a seguinte frase: "Tudo flui, nada persiste nem permanece o mesmo".

Outro exemplo clássico dado por Heráclito para esse fenômeno é a frase: "Tu não podes descer duas vezes no mesmo rio, porque novas águas correm sempre sobre ti". Ou seja, quando entramos novamente no mesmo rio, a água que nos banha não é mais a mesma, nem nós, pois vivemos novas situações e nos transformamos, mesmo que essas transformações sejam mínimas. A cada instante, o mundo muda, assim como a realidade ao redor.

Uma força que impulsiona as transformações é o conflito entre os opostos. Vamos pensar em alguns exemplos: em geral, valorizamos a saúde quando ficamos doentes ou vemos alguém doente; só lutamos pela paz porque conhecemos as consequências da guerra.

1.1.3 Transformações do homem a partir da revolução tecnológica

Na era pós-industrial (a partir de 1950), a capacidade física do homem foi substituída pelas máquinas, e parte da sua capacidade mental, como a memória, pôde ser ajudada pelos sistemas informatizados, com milhões de cálculos sendo feitos e refeitos a cada segundo.

Para De Masi (1999), a era industrial é caracterizada, dentre outras coisas, pela especialização das tarefas para a produção em massa e foi ultrapassada pela era pós-industrial, cujas necessidades estão mais focadas na convivência, na estética, na competição e na autorrealização. Uma vez que as máquinas podem fazer o trabalho 'braçal', foram atribuídos ao homem novos papéis: o de criação, e não de repetição de tarefas, o de iniciativa, e não de passividade, o de flexibilidade, e não de rigidez, e o de ética na convivência.

Um novo 'tipo' de ser humano emerge: um ser que precisa ser *versátil* e rápido o suficiente para gerenciar o volume de informações a que está exposto e buscar soluções para os desafios que lhe são colocados diariamente.

A tecnologia é um recurso que veio para ficar. Nas cidades ou no campo, ela se faz presente e é até mesmo vital, em alguns casos: pensemos na tecnologia aplicada à medicina, que possibilita salvar vidas. No caso do Brasil, a medicina tem passado por grande progresso tecnológico (Siqueira, 2007).

No entanto, aqui surge um contraponto: a tecnologia aplicada ao cotidiano facilita nossa vida, porém cria um embate entre criatura e criador, entre as

PARA FIXAR

Versátil: significa ser útil, aplicável de diversas maneiras e para vários fins.

> **SAIBA MAIS**
>
> *Tempos modernos* é o último filme mudo de Chaplin e aborda a vida urbana nos Estados Unidos nos anos 1930, imediatamente após a crise de 1929, quando a depressão atingiu toda a sociedade norte-americana, levando grande parte da população ao desemprego e à fome. A figura central do filme é Carlitos, o personagem clássico de Chaplin, que, ao conseguir emprego em uma grande indústria, transforma-se em líder grevista, quando conhece uma jovem por quem se apaixona. O filme mostra a vida do homem na sociedade industrial, caracterizada pela produção com base no sistema de linha de montagem e especialização do trabalho. É uma crítica à modernidade e ao capitalismo, representado pelo modelo de industrialização em que o operário é engolido pelo poder do capital e perseguido por suas ideias subversivas.
>
> Fonte: Disponível em: <www.historianet.com.br/conteudo.>. Acesso em: 5 nov. 2008.

novas tecnologias e o ser humano, tal como mostrado no filme *Tempos modernos*, de Chaplin. Aí, fica a pergunta: Quem controla quem? O homem controla a máquina ou é controlado por ela?

A velocidade com que surgem e se atualizam as informações e conhecimentos é grande, e muito do que aprendemos no início de nossa carreira estará ultrapassado ao seu final (Lévy, 1999).

Diante dos novos cenários que se apresentam, é importante ter a atitude de olhar o mesmo fenômeno sob diversos pontos de vista e compreender que tudo o que foi desenvolvido pelo homem foi para o próprio homem.

Por esse motivo, uma das formas de aumentar nossa autoestima diante dessa enxurrada de novas tendências e tecnologias é melhorar a capacidade de compreensão dos fatos que permeiam nosso cotidiano, seja ele no mundo real ou no virtual.

Outro ponto que devemos ressaltar é o papel da educação nesses novos tempos de constantes e perturbadoras transformações. É por meio dela que os seres humanos conseguirão ler e traduzir esse novo mundo, além de se capacitar para responder corretamente a ele.

No atual contexto histórico, em que mudar e se adaptar são fatores constantes, cria-se uma necessidade grande de flexibilidade e *resiliência*, ao mesmo tempo que se exigem soluções inovadoras para problemas novos e antigos. Aliás, identificar e resolver problemas é a principal competência do mundo contemporâneo — a educação deve ajudar a desenvolver.

A revolução tecnológica coloca-nos em um mundo novo, que ainda tentamos compreender, buscando explicações, conceituações ou reconceituações para ele. Nesse aspecto, faz-se necessário buscar elementos que fortaleçam o ser humano e seus valores.

É por meio desse fortalecimento, da busca pela essência do homem (o que não é novo na história da humanidade), que pode ser possível uma melhor compreensão do mundo, da sociedade, dos seus recursos, dentre eles os tecnológicos, e de um reposicionamento dos valores reais.

A era da informação e do conhecimento, que tornou tudo acessível a todos, transforma-se e permite que o ser humano suba mais um degrau na sua evolução e entre na era da consciência, levantando questões como: O que fazer com tanto conhecimento? Em prol de quem serão utilizados esses conhecimentos?

> **PARA FIXAR**
>
> Resiliência: capacidade de vencer as dificuldades e os obstáculos, por mais difíceis que sejam, e de suportar pressão, saindo fortalecido dessas experiências.
>
> Vergés, 2006

> **PARA REFLEXÃO**
>
> Silva (1996) declara que entender o mundo, relacionar-se com os outros, transformar a si mesmo e à realidade são os maiores desafios da nossa existência.

1.1.4 Era da consciência

Estamos vivendo o momento da transição da sociedade do conhecimento para a sociedade da sabedoria ou da consciência. Surge, então, a necessidade de cultivarmos novos valores e de adotarmos uma nova visão de mundo (Guevara e Dib, 2007).

O homem precisa encontrar explicações, conceituações ou reconceituações para um novo mundo que se apresenta. Há um posicionamento que resgata a discussão da dimensão mais profunda de nós, que busca elementos que fortalecem o *ser* humano. Por meio dessa busca será possível uma releitura do mundo, da sociedade, de seus recursos e de como alcançar o equilíbrio em um ambiente de constante mudança.

Representantes dos ideais contemporâneos da humanidade, a ciência e a tecnologia são possibilidades de caminhos para a igualdade e a solução de problemas. Mas será esse um caminho fácil? "O avanço do progresso científico deve ser acompanhado por um homem com noção de seu tempo e suas reais necessidades, um 'cidadão crítico e participativo', capaz de transformar o outro, transformando a si mesmo" (Graça, 2006).

Vivemos o começo de uma era que busca resgatar a espiritualidade. No final década de 1960, iniciou-se nos Estados Unidos um movimento surgido da psicologia chamado de *movimento transpessoal*, que reconhecia que algumas tradições filosóficas do Oriente e Ocidente, mesmo sem serem estritamente científicas (ligadas ao budismo ou hinduísmo), poderiam ser aliadas às modernas teorias da ciência contemporânea que estudam a consciência para fornecer explicações psicológicas sobre o ser humano. A psicologia então se voltava para a exploração potencial da mente, por métodos de expansão da consciência, e para o desenvolvimento espiritual humano, no sentido mais amplo que esse termo possa alcançar.

> **SAIBA MAIS**
>
> A espiritualidade, ou a dimensão espiritual do homem [...], identifica o movimento transpessoal como a primeira corrente da psicologia contemporânea que dedica atenção sistemática e privilegiada à dimensão espiritual da experiência humana, até então ignorada, negada e negligenciada.
>
> Boainain Junior, 1999

Foi uma tentativa de transcender a noção do homem como ser determinado biologicamente e pelo meio em que vive e de ampliar a visão do ser humano como apenas biológico, social e cultural, mas também como emocional, intelectual e espiritual. Talvez essa nova noção auxilie na busca por mais sentido à nossa existência, hoje ameaçada pelo caos em que vivemos — caos esse ligado ao excesso de consumismo e à visão mecanicista de mundo.

É possível modificar a sociedade sem que haja transformações no homem? É possível expandir o nível de conscientização da humanidade sem que cada indivíduo adquira autonomia para se modificar?

Achar respostas a essas e outras questões é fundamental, pois caminhamos em direção a um tempo de consciência no qual o autoconhecimento (que será abordado no capítulo "Projeto de vida") e as experiências internas serão tão valiosos quanto a ciência e a tecnologia, simbolizando mais uma quebra de paradigma na história da existência humana. Nesse sentido, todas as formas de conhecimento entrarão em convergência rumo à formação de um homem voltado para o *ser*, e não unicamente para o *ter*.

1.2 QUESTÕES FUNDAMENTAIS DO MUNDO CONTEMPORÂNEO

Dentre os temas que são importantes para a compreensão do mundo contemporâneo e para o aperfeiçoamento da visão sobre esse mundo, abordaremos: educação, diversidade cultural, ética, responsabilidade socioambiental e espiritualidade.

1.2.1 Educação

Além dos saberes científicos, técnicos e profissionais, valoriza-se hoje, também, a capacidade de mobilizar esses saberes para a resolução e o enfrentamento de problemas. Temos como exemplo disso os pilares da educação propostos pela Unesco — Organização das Nações Unidas para a Educação, a Ciência e a Cultura.

Uma das pesquisas desenvolvidas por ela, sob a coordenação de Jacques Delors, concluiu que, para o desenvolvimento e a mudança significativos em uma sociedade, é necessário que a educação esteja fundamentada em quatro pilares:

1. Aprender a conhecer.
2. Aprender a fazer.
3. Aprender a conviver.
4. Aprender a ser.

Vamos conhecer um pouco mais sobre cada um deles.

Aprender a conhecer

É aprender a aprender. Por muito tempo, o papel daquele que ensinava era transmitir todo o conhecimento que possuía ao seu aprendiz, no papel de mero repetidor e copista. O conhecimento era transmitido de maneira tradicional, sem a necessidade da influência desse aprendiz.

A educação do século XXI transformou essa relação entre o ensino e a aprendizagem, exigindo que o aprendiz esteja em busca da construção e reconstrução do conhecimento para que as informações tenham significado e o aprendizado seja sólido e prazeroso.

O domínio do conhecimento, de acordo com Delors (1999), pode ser considerado um meio e uma finalidade. Meio porque se pretende que cada um aprenda a compreender o mundo que o rodeia, pelo menos para viver dignamente, para desenvolver suas capacidades profissionais, para comunicar-se. Finalidade porque seu fundamento é o prazer de compreender, de conhecer, de descobrir.

Para tanto, é fundamental que se assuma a responsabilidade pelo sucesso ou fracasso no processo de aprendizagem e que se tenha consciência de que o conhecimento não é pronto nem finito.

Cabe a cada um de nós usar as ferramentas para construir esse conhecimento a cada dia, pois quando nos são dadas respostas prontas não crescemos e ficamos condicionados.

O verdadeiro propósito da educação no século XXI pode ser compreendido como a educação que emancipa, proporciona autonomia e garante o direito de fazer as próprias escolhas.

Não é mais possível, no mundo moderno, que o aprendiz/aluno continue na posição de filhote com o bico aberto, esperando ser alimentado pelo seu professor. Aprender a buscar o conhecimento e novas formas de utilizá-lo e, sobretudo, construir seu destino em um mundo em constante transformação é de fundamental importância.

Aprender a fazer

É ir além. Isso pressupõe que, além dos saberes científicos, técnicos e profissionais, passa a ser valorizada a capacidade de mobilizar esses saberes para a resolução e o enfrentamento de problemas.

Além disso, é necessário desenvolver competências que tornem o indivíduo capaz de lidar não só com situações adversas do cotidiano, mas também com o trabalho em equipe durante a vida profissional.

Delors (1999) pontua que aprender a conhecer e aprender a fazer são indissociáveis e que a formação técnico-profissional deverá vir acompanhada de um comportamento social, aptidão para o trabalho em equipe, capacidade de iniciativa, e gosto pelo novo, de forma que as pessoas repensem a relação da teoria com a prática, considerando a formação profissional um meio, e não um fim.

Aprender a conviver

É aprender a se reconhecer. Esse tipo de aprendizagem engloba todos os indivíduos e sua rede de relacionamento. O exercício da fraternidade é apresentado como um caminho para a solidariedade e a compreensão mútua.

A interação e o cuidado com o outro fazem com que nossa jornada seja constituída de instantes e de encontros, em que o eu, o outro e o mundo são um só e caminham juntos, evoluindo naturalmente.

De acordo com o relatório de Delors (1999), o mundo está carente de compreensão mútua, de atitudes solidárias e de harmonia. Por isso, ele ressalta a importância de aprender a viver e conviver, desenvolvendo o conhecimento sobre os outros, sua história, tradições e espiritualidade.

Aprender a ser

A necessidade de tornar o mundo mais harmonioso, com possibilidades de permitir a evolução do *ser*, exige que se traga para o centro do processo evolutivo o próprio *ser*. Ser que pensa, cria, transforma-se e tem a capacidade essencial de amar, reconhecendo que, além da razão, as emoções também orientam o devir humano.

De acordo com os pilares da educação, aprender a ser é a via que integra todas as demais aprendizagens.

1.2.2 Diversidade cultural

Antes de discutirmos diretamente o tema, vamos pensar um pouco sobre seu significado. Uma forma interessante de abordar a *diversidade cultural* é a do preâmbulo da Declaração Universal de Diversidade Cultural da Unesco, que apresenta uma visão mais ampla e valoriza aspectos como a maneira de ser e as tradições como componentes essenciais para a compreensão da cultura de um povo.

Complementando essa ideia, podemos incluir a abordagem de Loden e Rosener (1991), em que classificam a diversidade humana em duas dimensões. A primária é definida como: "aquelas diferenças imutáveis que são inatas e/ou que exercem um importante impacto em nossa socialização inicial e um impacto contínuo em nossa vida". Elas são divididas em seis categorias: idade, etnia, gênero, habilidades e qualidades físicas e orientação sexual. As secundárias podem ser mudadas. Trata-se de fatores como formação educacional, localização geográfica, crenças religiosas, *status* dos pais, experiência no trabalho, entre outros.

Por meio dessas informações, podemos concluir que discutir a diversidade cultural nos dias atuais é um desafio no mínimo interessante por alguns motivos:

- O tema por si só é abrangente, tem várias nuances e formas de abordagem. Por exemplo: podemos partir da análise da história ou da sociologia, ou ainda da geografia, para entender as diferenças entre os povos.
- Se pensarmos em termos da cultura brasileira, por sua reconhecida diversificação, estaremos falando de, no mínimo, cinco regiões ou, ainda, dos 26 Estados, com suas características culturais específicas, o que possibilitaria uma gama imensa de análises.
- Se pensarmos em termos globais, a multiplicidade de fatores a serem considerados tornaria a discussão desse tema uma nova obra.

Portanto, optamos por conduzir você a uma reflexão sobre alguns pontos:

Percepção das diferenças entre pessoas, grupos ou povos

Vamos partir do princípio, dado por inúmeros autores, com base nos estudos da psicologia, de que cada um de nós é uma pessoa única. Além das características chamadas demográficas (idade, gênero, etnia etc.), diferimos uns dos outros por fatores como personalidade (ver definições no Capítulo 2) e percepção dos fatos.

Devemos refletir, ainda, sobre como nossas atitudes são diretamente influenciadas por valores e crenças que nos são transmitidos de acordo com o meio no qual vivemos. Ou seja, pertencemos a determinado grupo restrito (família, escola, igreja), que nos transmite informações que acabam moldando nossa percepção e personalidade.

De maneira mais ampla, podemos considerar que o fato de termos nascido e vivido em determinada cidade, região ou país faz diferença em nossa maneira de ser. Há diferenças de costumes, linguagem, vida cultural e regras sociais.

Respeito e valorização dessas diferenças

Você acha possível que alguém possa viver bem sozinho? Pense apenas em seu dia a dia, reflita sobre essa afirmação e observe: com quantas pessoas você tem contato durante um dia? Com que tipos diferentes de pessoas você tem contato (idade, sexo, formação etc.)? De quantas pessoas você depende para obter uma informação, um serviço, algum tipo de colaboração, ou simplesmente o prazer de um contato pessoal? As respostas a essas questões podem ser imensamente diversificadas, porém uma constatação comum deve ser possível: os contatos são realizados entre pessoas diferentes entre si.

Com base em estudos da sociologia, é possível afirmar que somos seres sociais, estabelecemos contato com pessoas diferentes no dia a dia e precisamos aprender que isso pode ser positivo, para que esses contatos sejam, no mínimo, produtivos. O contato com outras pessoas é fundamental para satisfazer as mais profundas necessidades desde afeto até a realização das nossas atividades diárias.

Assim, o que nos daria a certeza de que a nossa maneira de perceber e interpretar a realidade é a correta ou a mais adequada? Ou, ainda, a desconsiderar a opinião, vivência ou importância de outras pessoas por serem diferentes de nós? Essas respostas devem levar-nos a refletir sobre estereótipos e preconceitos.

Aprendizagem a partir das diferenças

Se considerarmos que cada uma das pessoas com quem fazemos contato diariamente tem uma história, informações e conhecimentos que não temos, ficaria mais fácil respeitar as possíveis diferenças e valorizar esses contatos.

É nesse sentido que propomos uma reflexão: Quanto você pode aprender com outras pessoas, suas histórias e experiências?

A importância de relacionar-se bem em todos os níveis e com pessoas diferentes está ligada ao bem-estar emocional e à satisfação de nossas necessidades de colaboração e, também, de aprendizagem. Essa percepção, atualmente, ultrapassa os limites do simples relacionamento saudável entre as pessoas no dia a dia, atingindo a necessidade de convivência pacífica entre os povos. Chega ao

PARA FIXAR

No livro *Fundamentos do comportamento organizacional*, Griffin e Moorhead (2006) definem estereótipos e preconceitos da seguinte forma:
Estereótipos são julgamentos rígidos sobre os outros, ignorando-se as características individuais e a situação real. A incorporação de estereótipos pode levar a algo mais perigoso: o preconceito.
Preconceitos são julgamentos que reforçam crenças de superioridade e de inferioridade e podem implicar uma avaliação supervalorizada de um grupo em detrimento de outro.

âmbito das organizações, que não só já constataram a necessidade de respeitar as diferenças individuais, mas também já demonstram perceber o valor da diversidade para a sobrevivência de seus negócios. Esse interesse pode ser constatado em inúmeros exemplos: inclusão de portadores de necessidades especiais no mercado de trabalho, políticas de gestão de pessoas diferenciadas (dentro da mesma empresa, porém com atuação em diversos estados brasileiros ou países), desenvolvimento de produtos e estratégias de marketing voltados a públicos diferenciados (de acordo com o mercado consumidor), entre outros.

Podemos concluir lembrando que o mundo de hoje exige uma percepção mais aberta e uma nova postura pessoal e profissional, pois, a partir da globalização, o movimento de fusões e aquisições de empresas em termos mundiais só vem aumentando, fazendo com que cresça também o número de pessoas de diferentes nacionalidades trabalhando juntas. Além disso, o acesso às informações e a velocidade com que elas circulam diminuem as distâncias entre os diferentes pontos do mundo e a comunicação se torna global. Como consequência desse contexto, o cidadão de um país pode considerar-se, ao mesmo tempo, cidadão do mundo.

Você está preparado para isso?

Quadro Ilustrativo

Seguem algumas recomendações sobre relacionamento social em diferentes países relatadas por autores norte-americanos (Post e Post, 2003). Guardadas as devidas proporções, pois as informações passam pela concepção dos autores, é interessante considerá-las.

- América Latina: em geral, os latino-americanos são conhecidos por sua atitude afetuosa, efusiva e infalivelmente cortês. No entanto, deve-se evitar falar de política, tratar de maneira leviana o tema religião ou fazer comparações entre os países vizinhos.
- Grã-Bretanha: os britânicos tendem a ser conservadores, deliberados e discretos. Todos os naturais da Grã-Bretanha são britânicos, mas só quem nasceu na Inglaterra é chamado de inglês; os demais são chamados de escoceses, irlandeses ou gauleses. E nenhum deles, embora a Grã-Bretanha faça parte da Comunidade Europeia, considera-se europeu.
- Alemanha: é o país mais minuciosamente formal da Europa, onde existe um lugar para tudo e tudo é mantido em seu devido lugar. Nunca faça um telefonema de negócios para a casa de um alemão — a família e o trabalho são mantidos rigorosamente separados.
- China: mesmo antes do advento do comunismo, a cultura chinesa já era voltada para a vida em grupo, em que os deveres para com a família e a comunidade são mais importantes do que os desejos ou necessidades pessoais. Seus costumes e crenças são valorizados e têm uma simbologia singular. As pessoas mais velhas são respeitadas, assim como a hierarquia.

1.2.3 Ética

A ética é a "teoria ou ciência do comportamento moral dos homens em sociedade" (Vázquez, 2002, p. 23). Trata, portanto, de questionar e explicar o que é adequado ou não nas regras do que cada pessoa deve fazer em seu dia a dia, para que seu comportamento seja considerado bom.

Como apresentado no conceito, a ética diz respeito à convivência, à ação dos homens em sociedade, tendo a moral como base de consulta para sua ação. Além disso, por mais que o homem acredite que suas ações e decisões são tomadas exclusivamente em função da sua consciência, essas decisões são influenciadas por seu contexto social, tendo o outro como parâmetro para o seu comportamento.

Quando as pessoas evoluem moralmente, o que é possível uma vez que moral e ética não são inatas, e sim adquiridas ao longo da vida, sua consciência, visão crítica e posicionamento sobre as coisas aperfeiçoam-se e, em consequencia, a responsabilidade pessoal também (Vázquez, 2002).

A questão da ética é de extrema importância, pois está presente nas relações humanas em qualquer contexto. É por isso que as empresas buscam alinhar a ética aos seus valores, cultura e negócios, criando uma ação de responsabilidade que atenda tanto os seus funcionários quanto os demais cidadãos. Mais do que uma preocupação com seus lucros e aspectos legais, as empresas também precisam ter responsabilidades éticas, morais e sociais (Ashley, 2005).

É importante entender a ética como um instrumento que colabora para a promoção da igualdade entre as pessoas, por mais diferentes que elas sejam. Como isso acontece? Uma das formas é respeitar o outro, nós mesmos e o meio ambiente.

> **SAIBA MAIS**
>
> A palavra moral vem do latim *mos*, que significa costume, conjunto de normas ou regras. Já a palavra ética vem do grego *ethos* e significa caráter. Tanto os costumes quanto o caráter são conquistados pelo homem, e não uma disposição natural.
>
> Vázquez, 2002

1.2.4 Responsabilidade socioambiental

Ser responsável socialmente significa respeitar as pessoas em sua diversidade, aceitando-as como semelhantes. Além da aceitação, é importante doar-se para elas, no sentido de colaborar, atender, ser solidário e humano, equilibrando interesses individuais e coletivos.

Boff (2003) apresenta-nos uma ideia muito simples e ao mesmo tempo fundamental à sobrevivência humana e à convivência responsável entre as pessoas. Para ele, tudo o que existe e vive precisa de cuidado para continuar a existir e a viver. Esses cuidados dizem respeito a nós mesmos, à nossa vida pessoal e profissional, mas também ao outro e ao meio ambiente. Se pensarmos que todas as nossas ações produzem uma consequência no ambiente, fica fácil entender que somos responsáveis por elas.

O impacto do nosso comportamento pode ser de grandes proporções, e um exemplo disso é a escolha entre reciclar o lixo ou jogá-lo para que se decomponha na natureza. A grande maioria das pessoas já tem consciência do quão importante é reciclar o lixo e o faz. Outras pessoas têm conhecimento sobre o assunto, mas não fazem. Quais seriam as explicações para isso?

É importante que cada vez mais pessoas se comprometam com a sobrevivência da espécie humana nesta e em outras gerações, e não apenas com a realidade local e suas necessidades imediatas.

Isso pode ser fundamentado no conceito de desenvolvimento sustentável, conforme descrito por Almeida (2008, p. 127), que diz: "O desenvolvimento deve atender às necessidades do presente sem comprometer a capacidade das gerações futuras de darem resposta às próprias necessidades".

Trata-se, portanto, de desenvolver uma visão holística de mundo, ou seja, uma visão mais abrangente e que relacione o homem, o aspecto social, a natureza e o planeta, afinal, como afirma Jacobi (2003), são os sistemas sociais e ambientais que sustentam as comunidades.

1.2.5 A questão da espiritualidade

Quando se fala em espiritualidade, logo vem à cabeça a ideia de que se trata de coisas relacionadas à religião, o que é um engano. Um conceito bastante claro para a compreensão do que é espiritualidade é o dado por Huppes e Oliveira (2008, p. 4): "conduta das pessoas no caminho do bem e da prosperidade com ética, e da ajuda mútua independentemente de crenças".

Hoje em dia, há uma forte preocupação em relação ao bem-estar das pessoas no ambiente de trabalho, e os estudos atuais, como citado por Huppes e Oliveira (2008), ocupam-se cada vez mais em buscar formas de construir um ambiente de trabalho com profissionais competentes, motivados e equilibrados espiritualmente.

A espiritualidade é uma das dimensões do ser humano, conforme você verá no Capítulo 2. Quando aplicada ao trabalho, diz respeito a um novo jeito de trabalhar, com o objetivo de transformar o trabalho em uma experiência que vá além da rotina, em que a motivação seja intrínseca (de dentro para fora). Deve ser vista como um valor de vida e pode ser desenvolvida e incentivada (Catanante, 2002).

Por que esse é um tema importante para a visão de mundo? Porque o propósito de vida de uma pessoa que busca aperfeiçoar sua espiritualidade tem a ver com a realização de coisas muito boas em prol da coletividade, de querer fazer diferença, de ser especial e, portanto, é uma forma de ampliar e aperfeiçoar a visão de mundo.

> **ABRE ASPAS**
>
> A consciência é originariamente não um 'eu penso que', mas um 'eu posso'.
>
> *Fenomenologia da percepção*, Merleau-Ponty

RESUMO

- Sabemos que o mundo está em constante mudança e evolução, haja vista o desenvolvimento tecnológico e científico, bem como as condições humanas de sobrevivência e de novas posturas que temos de assumir diante das mudanças.
- Cada indivíduo cria a própria visão de mundo, baseada em sua percepção do cotidiano e daquilo que mais o afeta.
- Não há como julgar ou categorizar as visões de mundo em certas ou erradas, porém, é bem provável que, quanto maior a cultura e o conhecimento do indivíduo, mais abrangente e clara se torne essa visão.
- A dualidade diz respeito a separar as coisas em opostos, por exemplo, em bem e mal, justo e injusto, certo e errado. Mas sabemos que as coisas podem ser os dois opostos ao mesmo tempo.
- Na era pós-industrial, as necessidades estão mais focadas na convivência, na estética, na competição e na autorrealização.
- Um novo tipo de ser humano emerge, um ser que precisa ser versátil e rápido o suficiente para gerenciar o volume de informações a que está exposto em função da tecnologia e buscar soluções para os desafios que lhe são colocados diariamente.
- Estamos vivendo a transição da sociedade do conhecimento para a sociedade da consciência, o que faz emergir uma nova visão de mundo.
- Dentre os temas que são importantes no mundo contemporâneo, destacam-se: educação, diversidade cultural, sustentabilidade, ética e cidadania e espiritualidade.
- Para uma mudança significativa, é necessário que a educação esteja fundamentada em quatro pilares: aprender a conhecer, aprender a fazer, aprender a conviver e aprender a ser (Unesco).
- A diversidade pode ser percebida em diferentes aspectos: somos diferentes uns dos outros, de maneira particular, pela personalidade e percepção. Também somos diferentes, de maneira coletiva, por pertencermos a determinado grupo, comunidade ou nação, que possui características culturais (costumes e idioma) diversas de outros grupos.
- No momento atual, em que as barreiras geográficas, de comunicação e de troca entre os povos vêm diminuindo, torna-se de inegável importância reconhecer que as diferenças existem, devem ser respeitadas e valorizadas, e, indo um pouco além, devemos perceber a possibilidade de aprender com elas.
- Ser responsável socialmente significa respeitar as pessoas com sua diversidade, aceitando-as como semelhantes.
- Se pensarmos que todas as nossas ações produzem uma consequência no ambiente, fica fácil entender que somos responsáveis por elas.
- Os estudos sobre as pessoas no ambiente de trabalho ocupam-se cada vez mais em buscar formas de construir um ambiente com profissionais competentes, motivados e equilibrados espiritualmente.
- A espiritualidade diz respeito à conduta das pessoas no caminho do bem e da prosperidade com ética. Trata-se de uma forma de ampliar e aperfeiçoar a visão de mundo.

REFERÊNCIAS

ALMEIDA, F. *Responsabilidade social e meio ambiente: os desafios da sustentabilidade*. Programa do livro-texto da Anhanguera Educacional. Rio de Janeiro: Elsevier, 2008.

ASHLEY, Patrícia Almeida. *Ética e responsabilidade social nos negócios*. 2. ed. São Paulo: Saraiva, 2005.

BOAINAIN JUNIOR, Elias. *Tornar-se transpessoal: transcendência e espiritualidade na obra de Carl Rogers*. São Paulo: Summus, 1999.

BOFF, Leonardo. *Saber cuidar: ética do humano – compaixão pela terra*. 9. ed. Rio de Janeiro: Vozes, 2003.

CATANANTE, Bene. "Espiritualidade no trabalho". In: BOOG, Gustavo; BOOG, Madaglena (coords.). *Manual de gestão de pessoas e equipes*. São Paulo: Editora Gente, 2002.

CONVENÇÃO SOBRE A PROTEÇÃO E PROMOÇÃO DA DIVERSIDADE DAS EXPRESSÕES CULTURAIS. Disponível em: <http://www.cultura.gov.br/foruns_de_cultura/diversidade_cultural/a_convencao/index.php?p=24177&more=1&c=1&pb=1>. Acesso em: 9 set. 2008.

DE MASI, Domenico. *A emoção e a regra.* Rio de Janeiro: José Olympio, 1999.

DELORS, Jacques (org.). *Educação: um tesouro a descobrir.* São Paulo: Cortez; Brasília: MEC/Unesco, 1999.

GRATELOUP, Léon-Louis. *Dicionário filosófico de citações.* Trad. Marina Appenzeller. São Paulo: Martins Fontes, 2004.

GRIFFIN, Rick W.; MOORHEAD, Gregory. *Fundamentos do comportamento organizacional.* São Paulo: Ática, 2006.

GUEVARA, A. J. H.; DIB, V. C. *Da sociedade do conhecimento à sociedade da consciência: princípios, práticas e paradoxos.* São Paulo: Saraiva, 2007.

HUPPES, L. C.; OLIVEIRA, L. S. "Espiritualidade, motivação e competência: um tripé para o sucesso empresarial". Congresso Internacional de Administração. Gestão estratégica na era do conhecimento. Disponível em: <http://www.admpg.com.br/2008/cadastro/artigos/temp/130.pdf>. Acesso em 9 set. 2008.

JACOBI, P. "Educação ambiental, cidadania e sustentabilidade". *Cadernos de Pesquisa*, n. 118, mar. 2003. p. 189-205. Disponível em: <http://www.scielo.br/pdf/cp/n118/16834.pdf>. Acesso em: 9 set. 2008.

LÉVY, Pierre. *Cibercultura.* São Paulo: Editora 34, 1999.

LODEN, Marilyn; ROSENER, Judy B. "Managing employee diversity as a vital resource". *Business One*, v. 8, mar. 1991.

GRAÇA, Marcio (org.). *Teorias.* São Paulo: LCTE, 2006. (Coleção Comunicação "In")

POST, Peggy; POST, Peter. *Manual completo de etiqueta nos negócios: a vantagem do comportamento certo para o sucesso profissional.* Rio de Janeiro: Campus, 2003.

SILVA, M. *Comunicação tem remédio.* 6. ed. São Paulo: Editora Gente, 1996.

SIQUEIRA, Ethevaldo. "Um país que ingressa na sociedade da informação". In: *Tecnologias que mudam nossa vida.* São Paulo: Saraiva, 2007.

VÁZQUEZ, Adolfo Sanches. *Ética.* 22. ed. Rio de Janeiro: Civilização Brasileira, 2002.

VERGÉS, Roberto. "Procurar a oportunidade de estar resiliente é um direito humano". In: MELILLO, Aldo; OJEDA, Elbio Nestor Suarez (orgs.). *Resiliência: descobrindo as próprias fortalezas.* Porto Alegre: Pioneira, 2006.

ATIVIDADES

1. Reflita sobre a questão 'visão de mundo' e crie uma redação com o seguinte título: "Como pessoas com diferentes visões de mundo podem conviver harmoniosamente?".
2. Qual o papel da tecnologia e da educação na construção de um mundo mais equilibrado?
3. O que você entende por 'era da consciência'?
4. Segundo a Unesco, a educação deve sustentar-se em quatro pilares. Quais são eles?
5. Como esses pilares podem contribuir para a construção de uma sociedade mais ética?

CAPÍTULO 2

PROJETO DE VIDA: UM JEITO DE ESTAR NO MUNDO

Ana Lúcia Jankovic Barduchi

OBJETIVOS DE APRENDIZAGEM

APÓS LER O TEXTO E PRATICAR AS ATIVIDADES PROPOSTAS, VOCÊ SERÁ CAPAZ DE:

- COMPREENDER QUE O PROJETO DE VIDA É MAIS DO QUE UMA FERRAMENTA — TRATA-SE DE UMA FORMA DE PENSAR E POSICIONAR-SE NO MUNDO.
- DEFINIR O QUE É UM PROJETO DE VIDA.
- RECONHECER QUE AS PESSOAS SÃO SERES CONSCIENTES, RELACIONAIS, DE APRENDIZAGEM E DE UNICIDADE.
- IDENTIFICAR QUAIS SÃO AS ESFERAS OU DIMENSÕES QUE COMPÕEM A VIDA DAS PESSOAS.
- DEFINIR OS CONCEITOS DE APRENDIZAGEM, CONSCIÊNCIA, IDENTIDADE, MOTIVAÇÃO E AUTO--EFICÁCIA.
- POSICIONAR-SE QUANTO ÀS FORMAS INDIVIDUALISTAS E COLETIVISTAS DE ESTAR NO MUNDO.
- RACIOCINAR SOBRE QUANDO E POR QUE ELABORAR UM PROJETO DE VIDA.
- ELABORAR UM PROJETO DE VIDA.

INTRODUÇÃO

Embora haja certo padrão no desenvolvimento dos seres humanos, a forma de cada indivíduo estar no mundo e percebê-lo, de relacionar-se, de aprender, de fazer coisas, é marcada por sua identidade, por sua personalidade, aquilo que nos torna únicos e complexos.

Vivenciamos mudanças o tempo todo e, para que essas mudanças sejam positivas, é preciso conhecer quem somos, o que queremos e como nos desenvolver. Estar cursando o ensino superior pode ser um dos vários momentos em que atentamos para a necessidade de um novo olhar sobre as coisas e sobre nossa própria vida.

> **PARA REFLEXÃO**
>
> Paulo Freire, um grande pensador brasileiro da área da educação, fez importantes considerações sobre a escola que podem ser aplicadas na vida de qualquer pessoa. Em uma dessas considerações, afirmou que a escola deve cumprir o papel de despertar a curiosidade pelo conhecimento dos indivíduos, e denominou isso de pedagogia da curiosidade, em que as perguntas que são feitas são mais importantes do que as respostas. Assim, a educação deve ser pautada pela capacidade de pensar, para dar conta das crescentes mudanças da sociedade tecnológica.
>
> Há algum sentido em ver a educação como acúmulo de informações, especialmente quando elas são tão fartas e de fácil e rápido acesso e transmissão?

Ao longo deste capítulo, discutiremos um pouco sobre por que o indivíduo é único, quais são as dimensões que compõem a vida das pessoas e quanto elas são indissociáveis, as formas individualistas e coletivistas de estar no mundo e quanto afetamos e somos afetados pelo ambiente em que vivemos, bem como sobre o que é e como elaborar um projeto de vida, não o limitando ao sucesso profissional.

Não temos a pretensão (isso nem mesmo é possível ou desejável) de esgotar em poucas páginas a explicação sobre a constituição do ser humano, nem mesmo de dar receitas sobre a felicidade. Temos, sim, o objetivo de favorecer a reflexão sobre essas questões e estimulá-lo a buscar sua satisfação.

Às vezes, deixamos de falar sobre o óbvio, acreditando que ele está implícito na comunicação, ou nas entrelinhas do que se diz, e então corremos o risco de negligenciar aspectos importantes de determinado assunto.

Assim, optamos por fazer algumas perguntas, mesmo que suas respostas mais imediatas sejam óbvias, com a crença de que elas estimulem uma reflexão e agucem sua curiosidade para saber mais e aprofundar-se no assunto.

O que é um projeto de vida?
Quem é o responsável por elaborar o projeto de vida?
Quando e por que elaborar um projeto de vida?
Como elaborar um projeto de vida?

A partir de agora, convidamos você a refletir um pouco sobre os seres humanos, de modo que isso possa colaborar na elaboração do seu projeto de vida.

2.1 O QUE É UM PROJETO DE VIDA?

Um projeto de vida é mais do que uma ferramenta, trata-se de uma forma de pensar e posicionar-se no mundo, integrando as diversas esferas que constituem o ser humano e que são indissociáveis, pois qualquer alteração em uma delas impacta a outra.

> **PARA REFLEXÃO**
>
> Viver é envelhecer, o que significa que todos nós podemos olhar para trás com satisfação ou pesar, e para a frente com esperança ou receio.
>
> Myers, 1998, p. 99

Para dar mais clareza aos termos, vamos observá-los separadamente:

- O projeto é um plano, uma intenção que se tem para o futuro, esteja ele bem próximo ou não. Pode ser comparado a um mapa que nos orientará e nos conduzirá às situações que desejamos alcançar.
- A vida é o período de desenvolvimento, em termos físicos, mentais e sociais, que vai da concepção até a morte.

> **PARA FIXAR**
>
> Projeto de vida é uma visualização antecipada da vida que desejamos ter ou levar.

Possuir um **projeto de vida** dá a quem o elabora a chance de fazer a diferença no mundo e a consciência de que este mundo não se limita ao ambiente de trabalho, mesmo que, para a maioria dos adultos, parte da resposta à pergunta "quem você é?" dependa de outra pergunta: "o que você faz?" (Myers, 1998).

Vale destacar que a dimensão profissional é apenas uma das diversas esferas que compõem a vida de um adulto. Embora tenhamos papéis específicos para desempenhar em nossa profissão, não podemos esquecer que no desempenho das atividades profissionais estão em cena nossa identidade e personalidade, bem como nossa visão de mundo e o modo como nos relacionamos com as pessoas. Mais do que nunca o *saber ser* e o *saber conviver*, como descritos no Capítulo 1 "Visão de mundo", são imprescindíveis para o bem-estar individual e coletivo, em qualquer espaço em que estivermos inseridos. No trabalho, portanto, não seria diferente. Mas vale ressaltar que apenas o saber ser e o saber conviver não tornam um profissional competente; também são fundamentais o saber aprender e o saber fazer.

Em qualquer projeto é imprescindível estabelecer objetivos, metas, caminhos a seguir a curto, médio e longo prazos, e a isso chamamos de plano de ação.

A elaboração de planos de ação é importante para evitar que nos percamos no caminho e com isso deixemos para trás sonhos, metas pessoais ou profissionais. Planejar (elaborar o plano de ação) ajuda a aumentar a segurança de que obteremos sucesso. Afinal, sem planos, sem direção a seguir, sem objetivos, de onde conseguiremos tirar motivação para realizar as coisas?

A partir da definição de um plano de ação, é possível traçar estratégias para alcançar nossos objetivos e metas — a construção da casa, o término da faculdade, a mudança de emprego, o casamento, a vinda dos filhos, enfim, projetos que envolvem nossa carreira e nossa vida pessoal. Quando atingimos a idade adulta, percebemos que somos nós mesmos que direcionamos os caminhos a seguir. Além de saber aonde queremos chegar, precisamos ter em mente — e na prática — alguns cuidados básicos para não perdermos o foco: definir a direção a seguir, manter a disciplina e a constância, possuir criatividade para superar os obstáculos e flexibilidade para driblar as mudanças e nuances do caminho.

Outro aspecto importante na execução do projeto de vida é realizar uma constante avaliação do plano de ação para verificar se as etapas planejadas estão sendo cumpridas e se é necessária a alteração do plano inicial.

O projeto de vida tem como finalidades o autoconhecimento, a transformação de nossos sonhos em metas a serem alcançadas, bem como a possibilidade da consonância entre nossos valores e aquilo que vamos realizar na vida.

Autoconhecimento significa nos conhecermos e sabermos se aquilo que queremos condiz com as coisas que estamos fazendo de verdade, conhecer e saber se aquele velho plano está se concretizando ou se está apenas no mundo dos sonhos... Conhecer e saber se o tempo e os recursos utilizados estão sendo empreendidos a nosso favor, tanto profissional como pessoalmente, são dados imprescindíveis para atingir o sucesso.

Vemos nos dias de hoje a valorização do autoconhecimento, do desempenho profissional, da produtividade, da felicidade... São palavras, aparentemente, soltas, mas percebemos como elas são cada vez mais importantes no mundo corporativo.

Ser feliz no ambiente de trabalho agrega valor à organização, pois é fato que nossa produtividade aumenta quando nos sentimos satisfeitos no ambiente em que estamos inseridos, na realização de tarefas de que realmente gostamos de executar e quando estamos rodeados por equipes de trabalho que estimamos e das quais nos sentimos bem em fazer parte.

Se alguém lhe perguntar o que você quer ou deseja, você está pronto ou já sabe o que responder?

2.2 QUEM É O RESPONSÁVEL POR ELABORAR O PROJETO DE VIDA?

O responsável por elaborar um projeto de vida é, obviamente, um ser humano. Entretanto, esse ser humano é um indivíduo complexo, formado pela interação de processos que são biológicos, psicológicos e sociais. Sua identidade é constituída pela interação com outras pessoas que, juntas, transformam o meio em que vivem e também são transformadas por esse meio ao longo da história (Lane e Codo, 1994).

Podemos compreender a identidade como aquilo que, ao mesmo tempo, diferencia uma pessoa da outra e as torna iguais, dependendo dos diversos grupos sociais dos quais participamos.

Pelo fato de o ser humano ser complexo, é importante evitar explicações simplistas ou únicas sobre a personalidade. Contudo, analisando os estudos de Friedman e Schustack (2004) a esse respeito, verificamos que há questões que se repetem em várias das teorias que abordam a personalidade, conforme resumido no Quadro ilustrativo a seguir.

> **PARA REFLEXÃO**
>
> Qual é o seu posicionamento diante da vida: de 'condutor' ou de 'passageiro'? De protagonista ou de coadjuvante? Para ser um protagonista são necessários o comprometimento e a responsabilidade, que são mais do que atitudes, são posturas que assumimos. Lembre-se, o caos precisa ser organizado para obtenção da satisfação, o que significa que é o sujeito dessa ação que deve fazê-lo e, por isso, dizemos que ele participa ativamente do processo. Você se sente confiante para elaborar e cuidar do seu projeto de vida, participando ativamente de sua construção?

QUADRO ILUSTRATIVO

Sobre a personalidade

- A cultura influencia a compreensão da personalidade.
- O aspecto psicológico é um dos fatores que tornam as pessoas únicas.
- O indivíduo é influenciado pelo sentimento de identidade ou *self*.
- As pessoas são seres biológicos, com uma única natureza genética, física, fisiológica e temperamental.
- As pessoas são condicionadas e modeladas pelas experiências e pelo ambiente à sua volta (cultura).
- As pessoas têm uma dimensão cognitiva, elas pensam e interpretam ativamente o mundo ao seu redor de maneira única.
- O indivíduo é um conjunto de traços, habilidades e predisposições.
- Há a dimensão espiritual em relação à vida, que induz ao questionamento sobre o significado da nossa existência.
- O ser humano busca felicidade, autossatisfação, dignidade, autorrealização.
- A natureza do indivíduo é uma interação contínua entre a pessoa e determinado ambiente.

Pode-se afirmar que o ser humano é integral, constituído de várias esferas ou dimensões. Nossa natureza é constituída dos aspectos social, emocional, espiritual e racional. Catanante (2002) define cada uma dessas esferas da seguinte forma:

- *Social*: alinhar ação com intenção.
- *Emocional*: dar consistência aos nossos relacionamentos.
- *Racional*: ampliar o poder de tomar decisões assertivas.
- *Espiritual*: ter mais clareza de nossa missão no mundo, na vida.

Observando mais detalhadamente essas quatro esferas, temos agrupadas diversas outras dimensões, como saúde, material, comunitária, familiar, amizades, lazer, relacionamento íntimo, intelectual (capacidade de aprender, de pensar), profissional, ética e ambiental.

Essas várias esferas são indissociáveis, o que significa dizer que elas não ocorrem separadamente e que em cada comportamento do indivíduo todas elas estão envolvidas. Do mesmo modo, o desequilíbrio em uma delas impacta a qualidade de outra.

A motivação é o que serve como um 'cimento' para a personalidade, que dá a 'liga' para sermos seres integrais, de unicidade, e que orienta nossos comportamentos. Para nossos estudos, destacamos duas definições de motivação:

"Capacidade de dar sentido à vida e incentivar os membros de uma sociedade, enquanto define sua relação com o coletivo, possibilitando a indução de comportamentos, a formação de hábitos e a consolidação de crenças" (Scuro Neto, 2004).

"Processo responsável pela intensidade, direção e persistência dos esforços de uma pessoa em relação ao alcance de uma determinada meta" (Robbins, 2002).

Embora existam necessidades que são comuns a todas as pessoas, como alimentar-se, respirar, pertencer, sentir-se seguro, ter alta autoestima, cada uma delas pode sentir e perceber sua necessidade (motivo) de maneira diferente, em diferentes épocas ou situações. A busca pela satisfação dessas necessidades também é muito particular e, nesse caso, a responsabilidade por elaborar um projeto de vida é de quem o deseja ter e implementar.

Os valores que temos também são parte da nossa personalidade e direcionam nossa percepção sobre o mundo e atuação nele. Os valores são, como ressaltado por Robbins (2002), convicções básicas de que um modo específico de conduta é individual ou socialmente preferível a um modo oposto. Eles contêm elementos de julgamento, baseados naquilo que o indivíduo acredita ser correto, bom ou desejável.

A capacidade de *aprender* é outra esfera ou pré-requisito para que, *conscientemente*, sejamos produtos e produtores tanto da nossa história pessoal quanto da história da nossa sociedade.

Usando a compreensão de Campos (1987), a aprendizagem não significa apenas a assimilação de conhecimentos ou de conteúdos dos livros. Ela envolve

PARA FIXAR

Aprender é trabalhar o conhecimento e a experiência, rever modelos mentais; saber desenvolver-se.

PARA FIXAR

Consciência (*Dicionário Aurélio da Língua Portuguesa*)
Sf 1. Atributo pelo qual o homem pode conhecer e julgar sua própria realidade. 2. Faculdade de estabelecer julgamentos morais dos atos realizados. 3. Cuidado com que se executa um trabalho, se cumpre um dever, senso de responsabilidade. 4. Conhecimento. 5. Percepção imediata dos acontecimentos e da própria atividade psíquica.

o uso de todas as potencialidades do homem, tanto físicas quanto mentais e afetivas, e seu objetivo final não é apenas a memorização.

Envolve não só o ato de aprender, mas também a maneira como aprendemos a aprender. E é quando aprendemos a aprender que conquistamos nossos objetivos, a autonomia para gerenciar nossos estudos e nossa vida (Peixoto e Guimarães, 2005).

Embora as diretrizes para a elaboração de um projeto de vida possam ser ensinadas, como veremos adiante, não se trata de uma tarefa puramente técnica e focada apenas no sucesso material ou profissional.

Note que, mesmo quando falamos de um projeto de vida cuja necessidade de mudança está no aspecto profissional, o que está por trás é o ser humano, sua vida, sua existência, seu modo de pensar e relacionar-se com o mundo (crenças). Nesse caso, a empresa é apenas um dos ambientes nos quais o *ser* humano *está* inserido e desempenha seus papéis.

Resumidamente, pode-se afirmar que nós, indivíduos, somos seres:

1. *Conscientes*, pois ao transformarmos o meio em que vivemos devemos fazer isso com senso de responsabilidade.
2. *Relacionais*, pois estamos sempre em interação e afetamos e somos afetados pelo outro e pelo ambiente. Daí a importância de um *comportamento ético*.
3. *De aprendizagem*, pois estamos sempre em processo de mudança, em desenvolvimento.
4. *De unicidade*, pois somos a integração de várias esferas indissociáveis.

> **PARA FIXAR**
> Comportamento ético é uma reflexão crítica que permite a escolha da melhor forma de agir.

2.3 QUANDO E POR QUE ELABORAR UM PROJETO DE VIDA?

Basicamente, elaboramos um projeto de vida porque somos seres em constante movimento, desenvolvimento, e precisamos de certa organização e participação ativa nesse processo.

Dois aspectos já mencionados justificam tal afirmativa. Um deles diz respeito às definições sobre motivação que destacam a necessidade humana de dar sentido à vida individual e coletiva, de modo a alcançar metas. O outro aspecto salienta o fato de que, juntas, as pessoas transformam o meio em que vivem e também são transformadas por esse meio.

A vida ou a existência das pessoas é marcada por momentos de equilíbrio e de desequilíbrio, por momentos de calmaria e de estresse, por momentos de constância e de mudança.

Como o processo motivacional é cíclico, estamos sempre em constante movimento e desenvolvimento. Esse ciclo acontece da seguinte forma: estado de

> **ABRE ASPAS**
> Quem não sabe encontrar o caminho para o 'seu' ideal vive de um modo mais leviano e insolente que o homem sem ideal.
>
> Friedrich Nietzsche

equilíbrio–necessidade–tensão–comportamento–satisfação da necessidade. Com a satisfação da necessidade, o estado de equilíbrio retorna, e todo o processo reinicia (Chiavenato, 2005).

Em nossas diversas fases de desenvolvimento, da infância à vida adulta, somos impulsionados às mudanças, seja por questões pessoais (crenças, idade, gênero e outras), seja por demandas sociais. Resumidamente, nosso desenvolvimento não se dá apenas naturalmente, por amadurecimento biológico, mas também pelas situações de tensão e conflito que demandam uma tomada de decisão. Nesse sentido, o conflito nem sempre é ruim.

É possível exemplificar isso na vida adulta olhando para o contexto do trabalho. Escolhemos ficar em determinada empresa por diversos motivos, que certamente extrapolam a esfera financeira.

Escolhas e tomadas de decisão envolvem todas as esferas humanas, como vimos anteriormente, e duas delas são as esferas da ética e dos valores.

Enquanto houver uma intersecção de valores pessoais com os valores e a ética praticada pela empresa, conseguimos permanecer em um ambiente de trabalho. Quanto menor a área de intersecção, maior o conflito que nos movimentará a uma tomada de decisão e alívio da tensão gerada por ele. Para ilustrar essa tese, pense na teoria dos conjuntos da matemática apresentada na Figura 2.1.

Mas, para que a pessoa entre nesse conflito 'saudável', é preciso que tenha, antes de tudo, uma consciência bem fundamentada dos seus valores, da sua ética, das suas crenças. Para tanto, é importante que você responda às seguintes perguntas:

1. Quais dos seus valores pessoais precisam estar presentes na empresa em que você atua?
2. Qual a sua visão do trabalho?
3. Quais as suas crenças (em que você acredita)?

Somos seres que precisam de certa organização em nossa vida. Nosso cérebro, durante o processo de percepção (interpretação da realidade), busca regras

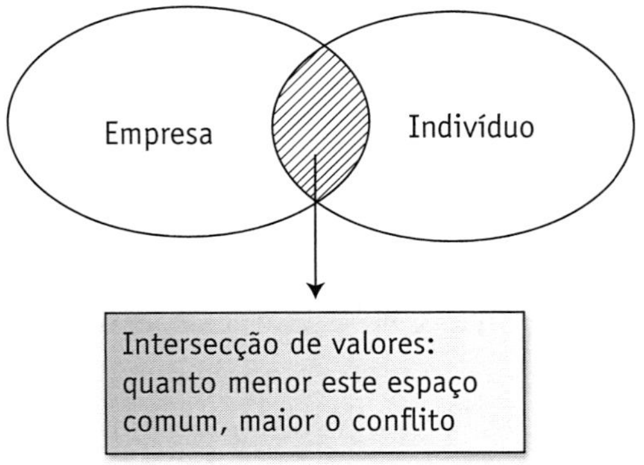

FIQUE DE OLHO

"Quando se pesquisa quais as empresas nas quais as pessoas gostariam de trabalhar, percebe-se que são os valores da organização e como eles são praticados que afetam o julgamento delas" (Varella, 2002, p. 128). Chiavenato (2005) nos traz uma importante consideração quando diz que o medo não deve ser o fator que nos mantém em uma empresa (medo de perder o emprego, a fonte de renda, de ficar desempregado, de ficar excluído socialmente). Devemos ficar em uma empresa se estivermos motivados pelo prazer de trabalhar nela, pelo orgulho de ser um participante dela, por seu ambiente de trabalho agradável, salário recebido, benefícios sociais, enriquecimento intelectual, oportunidades de crescimento e carreira, autorrealização e contribuição pela causa da empresa. Tudo isso envolve, antes de tudo, um ser humano, que deve escolher o que é melhor para si, o que o motiva, o que o satisfaz.

FIGURA 2.1 Intersecção de valores

Intersecção de valores: quanto menor este espaço comum, maior o conflito

> **ABRE ASPAS**
>
> Diz-me com quem andas e dir-te-ei quem és. Saiba eu com que te ocupas e saberei também no que te poderás tornar.
>
> Johann Goethe

para nomear e compreender a realidade. Dado um estímulo que não conhecemos, buscamos na memória algo já conhecido que possa explicá-lo.

Assim, não somos seres que vivem no caos. O caos ou a desordem movimentam-nos em busca da organização. Vejamos o exemplo da própria sociedade. Ela é organizada por regras de conduta e convivência (veja os Capítulos "Visão de mundo" e "Convívio social"), e os desvios são punidos. Desde crianças aprendemos a conviver com as regras. Veja um exemplo bem simples. Lembram-se do momento das refeições em que nossos cuidadores diziam: "Primeiro a refeição, depois o doce" ou "Não saia de casa sem arrumar seus brinquedos ou fazer a lição de casa antes"?

Além da família, a escola foi outra entre as várias instituições de controle do nosso comportamento que contribuiu para que aprendêssemos a planejar nossas ações. Por meio dela, nos situamos no tempo, nas tarefas, nas responsabilidades, nos prazos, aprendemos a organizar as nossas ações e a sentir necessidade disso.

Nesse sentido, pode-se afirmar que desejar alguma coisa, ter sonhos e necessidades que precisam ser satisfeitas, é apenas o começo do processo motivacional. Do sonho até a nossa satisfação existe um caminho a ser percorrido e, se ele não for projetado e planejado, perdemos o foco e, muitas vezes, as forças ou a energia para atingir os objetivos. Sucessivas histórias de fracasso podem diminuir nossa motivação para continuar tentando. Ou não?

Se a pessoa perceber sua *autoeficácia* de modo negativo, ou seja, se não acreditar que pode conseguir os resultados que deseja, pouco incentivo terá para agir e perseverar (Friedman e Schustack, 2004).

O projeto deve servir para orientar na busca de um equilíbrio entre:

- aquilo que desejamos, idealizamos;
- aquilo que já somos capazes de realizar mais imediatamente;
- aquilo que precisamos desenvolver para poder realizar mais a médio e longo prazos.

Esse equilíbrio ou ajuste diminui a discrepância entre o que se deseja (ideal) e o que se tem de potencial para conquistar (real), minimizando as chances de fracasso ou frustração.

Vamos pensar, então, na temática do sucesso e do fracasso. Como vimos, cada indivíduo é único e tem sua própria identidade, portanto, cada um de nós tem um conceito sobre sucesso e fracasso.

Para algumas pessoas, o sucesso limita-se à vida profissional e material. Por exemplo, ter o *status* de diretor de uma grande empresa e um carro importado é sinônimo de sucesso, e não tê-los, de fracasso. Não cabe a nós julgamento nenhum sobre isso, apenas a compreensão de que cada um percebe e atua no mundo de forma diferente. O que precisamos, sim, é saber o que queremos para nós e como chegar lá.

> **PARA FIXAR**
>
> Autoeficácia é um julgamento que fazemos a respeito da nossa própria capacidade de manifestar um comportamento de êxito em determinada situação.

O que se pode dizer é que um projeto nos ajuda a definir, esclarecer e compreender melhor o que queremos para nós, para o outro, para a sociedade, para o mundo. Então, precisamos ter um projeto de vida para dar sentido a ela, para buscar realizações e sucesso nas suas diversas esferas, evitar a dor, o sofrimento e o fracasso e, até mesmo, saber como lidar com o fracasso.

Referindo-nos à esfera profissional, também é importante sabermos para onde vamos e como atingiremos o sucesso. Não podemos nos esquecer de que o sucesso das organizações está diretamente ligado ao sucesso das pessoas que nelas atuam.

Quando vemos uma empresa que atingiu sucesso ou alguém que conseguiu 'chegar lá', percebemos que houve empenho dessas empresas e pessoas em seguir uma direção definida. Clarear horizontes, conhecer-se, definir metas e construir caminhos possíveis para alcançá-las é viável, apesar de não ser uma tarefa tão fácil nem mágica. Manter os olhos no futuro, traçar estratégias para vencer possíveis obstáculos no caminho, saber exatamente o que quer, quando e, principalmente, como atingir objetivos e metas são alguns dos ingredientes necessários ao alcance do sucesso.

Ter um projeto de vida é ter um propósito, ter clareza da nossa missão no mundo, e, colocando-o em prática, estamos ampliando a esfera humana da *espiritualidade*, que é muito mais voltada à própria motivação de fazer a diferença do que à busca de aprovação de outros ou de recompensas imediatas (Catanante, 2002).

2.4 COMO ELABORAR UM PROJETO DE VIDA?

Elaborar um projeto de vida envolve estar preparado para a mudança, seja adaptando-se a ela, quando não está em nosso controle nem em nossa previsão, seja participando dela, promovendo-a.

O projeto de vida deve ser elaborado passo a passo, estabelecendo objetivos claros e metas a serem atingidas. Depende de fazer escolhas, de autoconhecimento, de decidir o que é melhor para si mesmo. Assim, algumas perguntas devem ser respondidas: quem é você (quais são seus valores, suas crenças)? Quais são suas expectativas nas várias dimensões da sua vida? Quais são seus objetivos e em quanto tempo pretende atingi-los? Quais são seus pontos fortes? Em que precisa melhorar para atingir seus objetivos? Como? De qual recurso precisa para atingi-los?

É importante considerar que, como se trata de um plano, o projeto de vida está atrelado a aspectos da realidade e, consequentemente, pode ser alterado de acordo com as circunstâncias.

PARA REFLEXÃO

Dizer que é preciso saber o que se quer para si não significa uma atitude focada apenas em você mesmo, porque somos constituídos da interação com o outro e as pessoas juntas transformam o meio em que vivem e também são transformadas por esse meio. Vemos aqui que, em essência, somos mais coletivistas do que individualistas. Por outro lado, temos sociedades cada vez mais individualistas, em que o importante é: O que eu posso fazer por mim? O que eu ganho com isso? Em detrimento do que eu posso fazer por você? E você, como você está no mundo (se posiciona nele), de modo mais individualista ou coletivista? Lembre-se, ao refletir sobre essas perguntas e suas respostas, não há certo ou errado!

PARA FIXAR

Espiritualidade é o estado de consciência, de querer fazer uma diferença, de deixar sua marca, de propiciar benefícios, de servir.

Catanante, 2002

ABRE ASPAS

Quem dera eu achasse um jeito de fazer tudo perfeito, feito a coisa fosse o projeto e tudo já nascesse satisfeito.

Mário Quintana

2.4.1 Elaborando o projeto de vida passo a passo: questões fundamentais

1. Responda às seguintes questões:

Qual é a sua missão pessoal?

A missão pessoal pode ser aqui compreendida como as tarefas a que desejamos nos dedicar na vida. Pense na missão pessoal como a maior coisa que você gostaria de realizar na vida.

Quais são seus objetivos?

Os objetivos são alvos mais imediatos a serem alcançados e estão sempre diretamente relacionados à sua missão. Podem ser considerados orientadores específicos que direcionam os esforços para o alcance de resultados a curto e médio prazos. Pense, por exemplo, no objetivo de comprar um imóvel, um carro novo, conquistar aquela vaga tão almejada, fazer uma faculdade, desenvolver-se profissional e pessoalmente. Os objetivos devem ser claros, definidos, temporais, ou seja, com começo, meio e fim, para que se possa planejar e avaliar resultados. Descreva-os usando verbos no infinitivo, por exemplo: compreender, cursar, ganhar, comprar, fazer, elaborar. Liste-os em ordem decrescente de prioridade, registrando na frente de cada um deles em quanto tempo deseja alcançá-los e o que precisa fazer para atingi-los (como, com quais recursos).

Quais são suas crenças e seus valores?

Nossos valores são nossos orientadores fundamentais. Eles partem dos valores aprendidos na família, na nossa criação, na nossa formação. A partir do momento em que são definidos, você trabalhará com base neles. É importante ter clareza a respeito do que acreditamos ou pensamos sobre cada uma das esferas da vida. Por exemplo: o que você pensa sobre a família? Qual a importância dela em sua vida? Você dedica tempo suficiente a ela? O grande ganho que temos ao conhecer profundamente nossos valores está no fato de que somente assim conseguiremos saber quais são negociáveis, quais não são. Abrir mão de alguns valores algumas vezes nos leva a sair do caminho anteriormente traçado para a realização do projeto de vida.

Qual é o seu estilo?

O estilo de vida é formado por atividades e atitudes que nos definem, que são como nossa marca registrada. Alguns de nós, em certos momentos da vida, damos maior ênfase à vida pessoal; em outros momentos, à carreira, à vida acadêmica, enfim, tomamos certas decisões que fazem com que os outros nos vejam dessa ou daquela maneira. As atitudes que temos definem-nos perante os outros e criam um estilo próprio de viver.

2. No que diz respeito ao planejamento de carreira:

    a. Quais são seus objetivos profissionais a curto (próximos 1 ou 2 anos), médio (próximos 5 anos) e longo prazos (próximos 10 anos até a aposentadoria)?

PARA REFLEXÃO

É importante que o estilo seja composto por um equilíbrio entre as várias esferas da vida, pois, se colocarmos todo nosso esforço em uma única esfera, podemos nos desequilibrar quando a perdemos. Decorre daí que o esforço para uma retomada da vida deve ser muito maior. Imagine que toda a sua energia é colocada na esfera profissional. Quais recursos você terá para se colocar novamente no mercado se a saúde ficar abalada, se não tiver apoio de amigos, da família, se não estiver se capacitando, estudando, se não tiver recursos financeiros? É certo que na fase adulta boa parte do nosso dia é dedicada à empresa, ao trabalho, e nesse contexto devemos buscar satisfação e motivação, realização pessoal e profissional, mas não podemos nos esquecer das dimensões família, amizade, saúde, comunidade, lazer e outras que são tão fundamentais quanto nossa profissão.

QUADRO ILUSTRATIVO

Sobre as questões fundamentais do projeto de vida

- Passo 1 – Tudo o que for planejado deve ser registrado por escrito.
- Passo 2 – Quem é você?
  - Quais são seus valores?
  - Quais são seus pontos fortes?
  - Quais são os pontos em que precisa melhorar?
  - O que ameaça seus planos?
  - Quanto do seu tempo você vive no passado?
  - Quanto do seu tempo você dedica a pensar no futuro?
  - Quanto do seu tempo você dedica ao presente, transformando os sonhos em planos de ação ou projetos?
- Passo 3 – Qual é a sua missão? Qual o propósito da sua vida, o significado dela? O que pretende ser e atingir na sua vida (metas)?
- Passo 4 – Estabeleça metas que pretende atingir e em quanto tempo, definindo como fazer em cada uma delas.
- Passo 5 – Faça as contas para identificar de quanto dinheiro precisa dispor para atingir seus objetivos.
- Passo 6 – Analise tudo o que pode ameaçar seu projeto e tome uma ação preventiva.
- Passo 7 – De tempos em tempos, verifique em que fase do projeto está (cronograma) e se são necessários ajustes.

   b. Caso esteja trabalhando, esses objetivos podem ser atingidos na empresa em que atua ou há a necessidade de buscar outra realidade?

   c. O que fazer para atingir cada um dos objetivos (como)? Quais os pré-requisitos para alcançá-los (pontos fortes, pontos a desenvolver, recursos necessários)? Por exemplo, você chegou ao ensino superior, daí pressupomos que fazer faculdade está em seu projeto de vida. Pergunta-se: por que escolheu fazer uma faculdade? O que precisa para concluí-la com sucesso (disciplina, recursos financeiros, administrar o tempo, outros)?

   d. Com a faculdade que está cursando, quais ocupações você pode exercer? Que competências elas requerem (veja o Capítulo "Trabalho, emprego e empregabilidade")?

3. Tenha em mente que o projeto pode sofrer ajustes e adaptações em função de novas prioridades ou urgências. Mas não deixe de recolocar a vida e seus projetos nos trilhos.

4. Faça suas contas, ajuste seu orçamento financeiro, pois ele será necessário para atingir seus objetivos (veja o Capítulo "Planejamento financeiro pessoal").

5. De tempos em tempos, verifique seu projeto escrito para acompanhar em que fase você se encontra, quais objetivos foram alcançados, quais estão faltando, quais são os novos objetivos, onde o projeto está falho, e procurar corrigi-lo.

6. Tudo o que for planejado deve ser registrado por escrito. Isso facilita a organização das ideias e o controle da execução do plano de ação.

Resumo

- A forma de cada indivíduo estar no mundo e percebê-lo, de relacionar-se, de aprender, de fazer coisas, é marcada por sua identidade.
- O ser humano é um indivíduo constituído pela interação de processos que são biológicos, psicológicos e sociais.
- Identidade é aquilo que diferencia uma pessoa da outra e ao mesmo tempo as torna iguais.
- O ser humano é constituído de várias esferas indissociáveis.
- A empresa é apenas um dos ambientes nos quais o SER humano ESTÁ inserido e desempenha seus papéis.
- Somos seres conscientes, relacionais, de aprendizagem e de unicidade.
- A motivação é a necessidade humana de dar sentido à vida individual e coletiva, de modo a alcançar metas.
- Situações de tensão e conflito ajudam no desenvolvimento.
- Somos seres que precisam de certa organização na vida.
- É importante haver uma intersecção entre valores pessoais e valores e ética praticados pela empresa em que atua.
- Autoeficácia: julgamento que fazemos a respeito da nossa própria capacidade de manifestar um comportamento de êxito em determinada situação.
- Precisamos ter um projeto de vida para dar sentido a ela, para buscar realizações e sucesso nas suas diversas esferas.
- Em qualquer projeto é imprescindível estabelecermos objetivos, metas, caminhos a seguir a curto, médio e longo prazos, e a isso chamamos de plano de ação.
- A vida é um período de existência humana, impulsionada por uma força e direcionada por tomadas de decisão.
- O projeto de vida deve ser elaborado passo a passo e colocado no papel. Depende de decidir o que é melhor para si e como chegar lá, respondendo a perguntas fundamentais.

REFERÊNCIAS

CAMPOS, Dinah Martins de Souza. *Psicologia da aprendizagem.* Petrópolis: Vozes, 1987.

CATANANTE, Bene. "Espiritualidade no trabalho". In: BOOG, Gustavo; BOOG, Magdalena (coords.). *Manual de gestão de pessoas e equipes: estratégias e tendências.* v. 1. São Paulo: Editora Gente, 2002.

CHIAVENATO, Idalberto. *Gerenciando com as pessoas.* Rio de Janeiro: Elsevier, 2005.

FRIEDMAN, Howard S.; SCHUSTACK, Miriam W. *Teorias da personalidade: da teoria clássica à pesquisa moderna.* 2. ed. São Paulo: Prentice Hall, 2004.

LANE, Silvia T. M.; CODO, Wanderley (orgs.). *Psicologia social: o homem em movimento.* 13. ed. São Paulo: Brasiliense, 1994.

MYERS, David. *Introdução à psicologia geral.* 5. ed. Rio de Janeiro: LTC, 1998.

PEIXOTO, Maurício Abreu P.; GUIMARÃES, Maria Teresa. *Aprenda a aprender.* Rio de Janeiro: Elsevier, 2005.

ROBBINS, Stephen P. *Comportamento organizacional.* 9. ed. São Paulo: Prentice Hall, 2002.

SALGADO, Leo. *Motivação no trabalho.* Rio de Janeiro: Qualitymark, 2005.

SCURO NETO, Pedro. *Sociologia ativa e didática: um convite ao estudo da ciência do mundo moderno.* São Paulo: Saraiva, 2004.

VARELLA, João Marcos. "Ética e recursos humanos". In: BOOG, Gustavo; BOOG, Magdalena (coords.). *Manual de gestão de pessoas e equipes: estratégias e tendências.* v. 1. São Paulo: Editora Gente, 2002.

SAIBA MAIS

CAPRA, Fritjof. *O ponto de mutação*. São Paulo: Cultrix, 2004.
KÜBLER-ROSS, Elisabeth. *A roda da vida*. Rio de Janeiro: Sextante, 1998.

ATIVIDADES

Responda, resumidamente e com as próprias palavras, ao seguinte roteiro de estudo e fixação do conteúdo.

1. O que é um projeto de vida e quais são suas finalidades?
2. Por que afirmamos que o projeto de vida é mais do que uma ferramenta, mas trata-se de uma forma de pensar e posicionar-se no mundo?
3. Para que servem os planos de ação?
4. O que é identidade?
5. O que é autoeficácia?
6. Quando e por que devemos elaborar um projeto de vida?
7. Cite quatro fatores que influenciam na formação da personalidade.
8. Quais são as esferas ou dimensões que constituem o ser humano?
9. O que você entende por espiritualidade? É importante desenvolvê-la no mundo contemporâneo? Por quê?
10. É importante que o ser humano desenvolva todas as suas esferas? Justifique sua resposta.
11. O que significa dizer que "desejar alguma coisa, ter sonhos e necessidades que precisam ser satisfeitas, é apenas o começo do processo motivacional"?
12. Dê três exemplos de sucesso que ocorreram ao longo de sua vida.
13. Posicione-se a respeito da afirmação: "Para a maioria dos adultos, parte da resposta à pergunta 'quem você é?' depende de outra pergunta: 'O que você faz?'" (Myers, 1998).
14. Qual a importância da consciência em nossas ações e escolhas?
15. Quais objetivos de vida você pretende alcançar fazendo o ensino superior?
16. Que dicas você daria a um colega sobre como elaborar um projeto de vida?

Faça as seguintes atividades para autodesenvolvimento.

17. Releia as informações contidas nos boxes 'Para reflexão' e posicione-se sobre elas. Esse posicionamento pode ser uma conversa com você mesmo, pode ser registrado por escrito ou por meio de um diálogo com outras pessoas.
18. Esta atividade é composta de duas partes: um mapeamento das dimensões da vida e um questionário, que é um exercício de autoconhecimento.

Parte 1
Mapeando dimensões

Cada tópico citado a seguir refere-se a uma dimensão de sua vida: financeira, saúde física, amigos, espiritualidade (não confundir com religiosidade), família, profissão, lazer e relacionamento. A cada dimensão da vida dedicamos mais ou menos tempo, mais ou menos importância, e isso faz toda a diferença quando falamos de projeto de vida.

É com base nesse conhecimento que traçamos novas metas e podemos avaliar aquelas já alcançadas, além de avaliarmos também se estamos no caminho para alcançá-las.

Marque com um X como você avalia as dimensões de sua vida atualmente e verifique a quais delas você precisa dedicar mais atenção para que suas metas sejam alcançadas.

Dimensões	Ótimo	Bom	Regular	Ruim
Financeira				
Saúde física				
Amigos				
Espiritualidade				
Família				
Profissional				
Lazer				
Relacionamento				

Parte 2

Com base nas respostas dadas na Parte 1, responda ao questionário a seguir, formatando-o como um projeto. As perguntas estão divididas por área ou dimensão de vida e envolvem, portanto, aspectos pessoais e profissionais.

A partir das respostas dadas será possível analisar aspectos de sua vida e trajetórias pessoais e profissionais. Este exercício de autoconhecimento proporcionará o levantamento dos objetivos e das metas, assim como de estratégias de ação para alcançá-los.

Questionário

Autoconhecimento
1. O que você gosta de fazer?
2. Quais são as atividades em que você se destaca por saber fazer bem?

3. Quais foram os grandes desafios que você superou na vida pessoal ou profissional?
4. Que características pessoais foram utilizadas na superação desses desafios?
5. Que características e limites existentes hoje você gostaria de abandonar?

Posicionamento profissional
6. Qual é o conhecimento específico que sua carreira solicita? Você está atualizado?
7. O atual ambiente social, político e econômico pode influenciar a empresa em que trabalha? De que maneira?
8. Quais são suas fontes de informação (jornais, revistas, livros etc.)?
9. Quais foram os últimos cursos, palestras e *workshops* dos quais participou?
10. Você tem conhecimento de tecnologia? Quais?
11. Qual é o seu plano de atualização profissional (além do curso superior)?

Objetivos
12. Trace cinco objetivos que você deseja atingir nos próximos dois anos em sua carreira profissional.
13. Desenvolva um cronograma inicial de atividades para atingir seus objetivos.

Sonhos
14 Liste pelo menos dois sonhos que já teve e que conseguiu concretizar e dois que não conseguiu, indicando os motivos que acredita terem interferido nos resultados alcançados.

TEMA PARA REFLEXÃO E PRODUÇÃO DE TEXTO

Escreva uma carta para si mesmo como se ela fosse ser lida daqui a quatro anos. Nessa carta, você deve escrever como está sua vida nos dias atuais nos aspectos pessoal e profissional e como você pretende estar daqui a quatro anos.

CAPÍTULO 3

TRABALHO, EMPREGO E EMPREGABILIDADE

Renato César Lena

OBJETIVOS DE APRENDIZAGEM

Após ler o texto e praticar as atividades propostas, você será capaz de:

- Reconhecer as principais diferenças entre emprego e trabalho.
- Diferenciar emprego de empregabilidade.
- Reconhecer os principais componentes da empregabilidade.
- Levantar dados sobre cargos e funções na Classificação Brasileira de Ocupações.
- Analisar dados sobre emprego.

INTRODUÇÃO

Neste capítulo, serão abordadas as principais características do mundo do emprego e do trabalho, pontuando os fatos relevantes que permitam uma visão mais ampla do mercado e o papel das competências profissionais na atualidade.

3.1 HISTÓRICO SOBRE TRABALHO

É importante compreender que o conceito de trabalho evoluiu concomitantemente com as revoluções sociais pelas quais o homem, como o conhecemos, vem passando nos últimos nove mil anos.

O homem deixou de ser andarilho, nômade, cujas atividades eram a caça, a pesca e a extração de alimentos da natureza, como frutos, raízes e sementes, para formar pequenos aglomerados sociais que permitiram desenvolver a agricultura e outras formas de sobrevivência por meio do manuseio e da domesticação de animais, tanto para o auxílio nas atividades diárias, como para a produção de alimento.

Nesse período, conhecido como a primeira revolução tecnocientífica, o homem passou pela primeira vez a produzir em larga escala por meio do aprimoramento de suas técnicas de agricultura, gerando excedentes e permitindo que outros indivíduos migrassem das atividades de manuseio da terra e criação de animais para outras, artesanais, como a confecção de roupas e de utensílios dos mais variados.

Até a primeira metade do século XVIII, as atividades do trabalhador não tinham as características do que nós chamamos hoje de emprego. Os trabalhadores, nesse período, eram pequenos agricultores, artesãos, escravos ou servos, que prestavam serviços entre si e para grandes senhores proprietários de terras. Não havia, portanto, acordos formais entre as partes, e a grande maioria era formada por analfabetos.

Após a segunda metade do século XVIII, novas e grandes mudanças ocorreram nas relações sociais. Nesse período, aconteceu a segunda grande revolução tecnocientífica: tem início na Inglaterra a primeira Revolução Industrial, marcada pela aceleração do desenvolvimento dos meios de produção de bens, em que o invento de novas máquinas movidas a vapor e a descoberta da energia elétrica permitiram a substituição da força bruta por meios mais eficientes.

Implantava-se uma nova realidade social, obrigando os antigos artesãos e pequenos proprietários rurais a migrarem para as minas de carvão ou para as novas cidades dominadas por fábricas. Novas classes profissionais foram criadas, novas especialidades mostraram-se necessárias, houve incremento na ciência e, com isso, a necessidade de novas especializações. Esse processo irreversível obrigou a criação de normas de conduta entre empresários e operários, evoluindo para o que hoje conhecemos como emprego.

Essa evolução estendeu-se após a segunda metade do século XIX para todos os países da Europa e Estados Unidos, ficando conhecida como a segunda Revolução Industrial.

3.2 EMPREGO *VERSUS* TRABALHO

Muitas pessoas associam emprego a trabalho. Mesmo que todo emprego exija algum tipo de trabalho, os dois não são sinônimos. O trabalho, como já vimos anteriormente, remonta aos primórdios da evolução humana e veio da necessidade do homem de sobreviver e perpetuar a espécie.

O trabalho, explicado por meio da física, nada mais é do que a transformação de energia em movimento sem importar o resultado a ser alcançado. Quando o homem começou a caçar, pescar, criar ferramentas para facilitar sua vida e garantir sua espécie, já trabalhava. Ou seja, o trabalho existe desde que o homem começou a transformar a natureza em benefício próprio e a não depender de terceiros.

Já o emprego pressupõe uma relação entre dois ou mais indivíduos, em que um organiza as ações e o outro executa. O emprego é a relação de interdependência entre capacidades de trabalho, e os atores desse cenário são:

- Contratante (empresário): detentor da ideia, do recurso financeiro, do recurso físico, da tecnologia etc.
- Contratado (operário): aquele que detém o conhecimento ou habilidade para executar a tarefa/atividade.

> **PARA FIXAR**
>
> O emprego pressupõe uma relação entre dois ou mais indivíduos, em que um organiza as ações e o outro executa.
> O emprego é a relação de interdependência entre capacidades de trabalho.

3.2.1 Como o trabalho é visto nos dias atuais

O trabalho, ao longo do tempo, passou por várias mudanças. A primeira foi a substituição gradativa do esforço humano por novas tecnologias, novas máquinas. Essa substituição, mesmo que gradativa, foi facilmente perceptível, pois forçou o êxodo da área rural para a urbana, impactando fortemente no estilo de vida dessa nova sociedade.

Mesmo que, por um lado, a relação entre empresários e operários não fosse escravista, por outro, não deixava de ser, pois ou o operário se sujeitava às condições impostas, em grande parte sub-humanas (falta de higiene, educação, saúde, assistência social etc.), ou condenava a si mesmo e sua família a morrer de fome.

A segunda grande mudança foi a divisão do trabalho. O antigo artesão ou pequeno produtor rural dominava totalmente seu processo produtivo, pois desenvolvia toda a atividade. Com o advento de novas tecnologias e a inclusão de máquinas nos processos, o trabalhador especializava-se em uma ou pouquíssimas atividades, sofrendo, com o passar do tempo, um empobrecimento de suas qualificações em relação ao antigo artesão.

A era contemporânea das relações de trabalho, também conhecida como a era da informação e do conhecimento, é marcada menos pelas habilidades manuais de gerar trabalho e mais pela evolução exponencial de novas tecnologias e estruturas, em que novos personagens atuam num cenário extremamente dinâmico e competitivo, marcado cada vez mais pela capacidade de adaptar-se a novos meios, de absorver novas competências e de lidar com mudanças constantes.

Nesse novo terreno, cujas características são a produção em larga escala com custos cada vez menores e as mudanças constantes de necessidades de consumo, o homem não é páreo para os processos automatizados, que não reconhecem fronteiras e avançam para a substituição não total, mas massiva da espécie humana, na qual a única forma de competição é a utilização do intelecto e da capacidade cada vez mais refinada de relacionar-se com o meio em que atua.

3.2.2 Cenário futuro

Podemos imaginar um cenário futuro em que o *Homo sapiens* sairá de sua caverna, virtualmente, e será vitorioso em sua caça, usando, em vez de clavas e pedras, muita criatividade, domínio de diversas áreas do conhecimento, perseverança e visão sistêmica.

O trabalho formal como conhecemos atualmente (relação empregado e empregador, com carteira de trabalho e direitos trabalhistas resguardados) será substituído não apenas pelo trabalho informal, mas principalmente pelas relações empresa-empresa ou empresa-cooperativas, ou ainda cooperativas-cooperativas, em que grande parte de todos os processos, por mais específicos que possam ser, seja subdividida entre todos os novos parceiros.

Não haverá, talvez, a criação de novas megacorporações, e sim a participação de pequenas, porém eficientes, estruturas formais, cuja rapidez de resposta seja o diferencial competitivo.

Vivemos num momento de grandes discrepâncias sociais, ainda mais acentuadas pelo processo de globalização. No entanto, talvez pela primeira vez na história da humanidade, grande parte da população tenha acesso às mesmas bases de informação e de conhecimentos. Saber filtrar e transformar toda essa informação e conhecimentos disponíveis em competências que possam ser usadas para gerar empregabilidade ainda é o grande desafio do trabalhador contemporâneo.

Segundo várias tendências, as empresas, num futuro não distante, por uma necessidade de redução de custos e aumento da velocidade de operação, terceirizarão vários de seus departamentos ou áreas de negócios, alterando o modelo de relacionamento existente hoje, no qual todos os profissionais (trabalhadores) usam seus conhecimentos para prestar serviços dentro de uma única estrutura empresarial, para um modelo mais flexível e eficaz, em que várias empresas, especialistas em uma ou mais áreas de conhecimento, prestam serviços entre si.

ABRE ASPAS

Homo sapiens: segundo o *Dicionário Aurélio da Língua Portuguesa*, gênero de primatas simiformes, hominídeos, ao qual pertence o homem. Espécie desse gênero, como, p. ex., a *Homo habilis*, a *Homo erectus*, a *Homo sapiens*. [Os adjetivos *latinos habilis* (hábil), *erectus* (ereto), *sapiens* (inteligente) designam a característica que as distingue, que marca o progresso, no tempo, do gênero. À subespécie *Homo sapiens sapiens* pertence o homem atual.]

Podemos identificar na Figura 3.1 esses dois modelos de relacionamento.

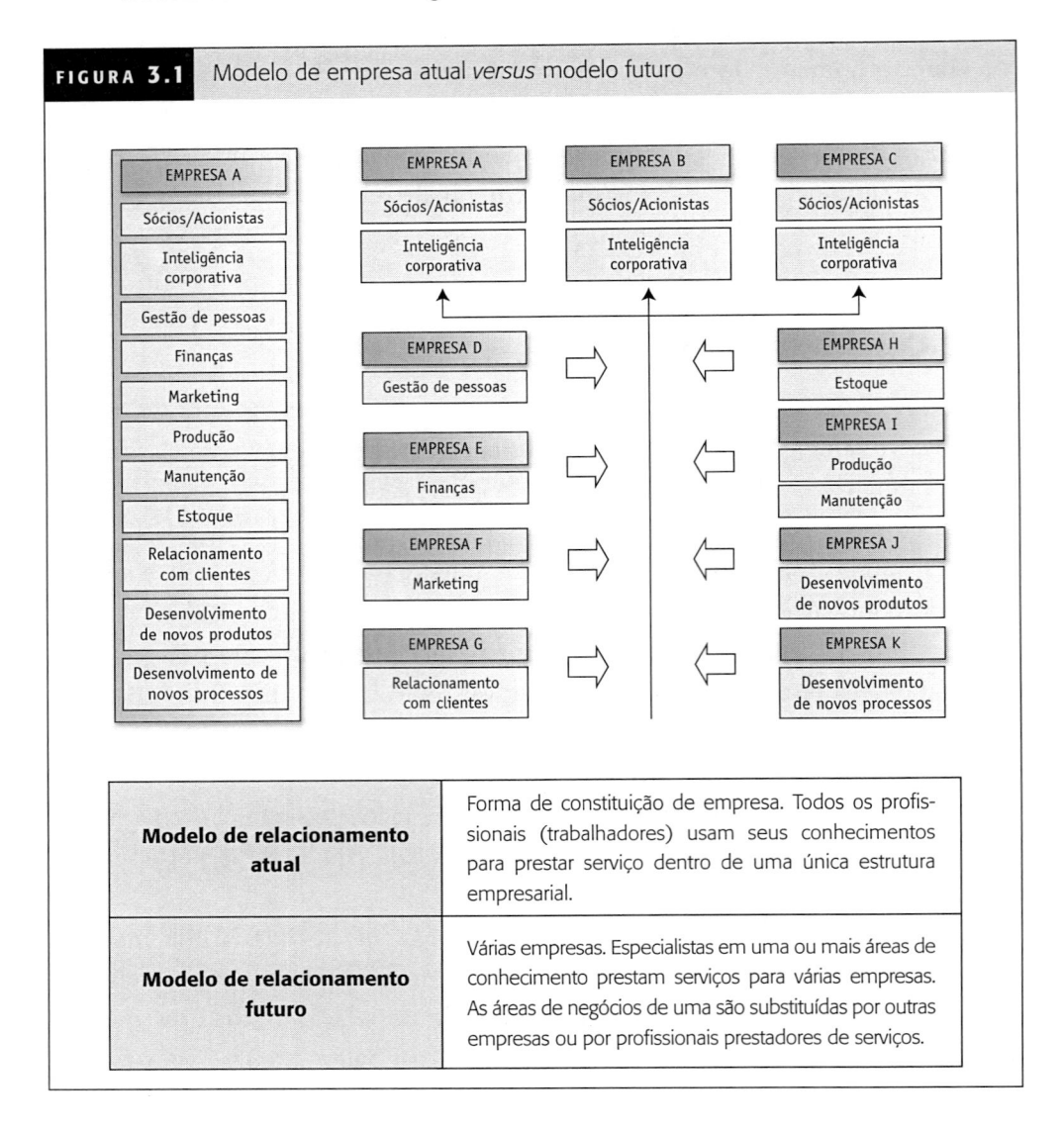

FIGURA 3.1 Modelo de empresa atual *versus* modelo futuro

EMPRESA A
Sócios/Acionistas
Inteligência corporativa
Gestão de pessoas
Finanças
Marketing
Produção
Manutenção
Estoque
Relacionamento com clientes
Desenvolvimento de novos produtos
Desenvolvimento de novos processos

EMPRESA A	EMPRESA B	EMPRESA C
Sócios/Acionistas	Sócios/Acionistas	Sócios/Acionistas
Inteligência corporativa	Inteligência corporativa	Inteligência corporativa

EMPRESA D		EMPRESA H
Gestão de pessoas		Estoque
EMPRESA E		**EMPRESA I**
Finanças		Produção
		Manutenção
EMPRESA F		**EMPRESA J**
Marketing		Desenvolvimento de novos produtos
EMPRESA G		**EMPRESA K**
Relacionamento com clientes		Desenvolvimento de novos processos

Modelo de relacionamento atual	Forma de constituição de empresa. Todos os profissionais (trabalhadores) usam seus conhecimentos para prestar serviço dentro de uma única estrutura empresarial.
Modelo de relacionamento futuro	Várias empresas. Especialistas em uma ou mais áreas de conhecimento prestam serviços para várias empresas. As áreas de negócios de uma são substituídas por outras empresas ou por profissionais prestadores de serviços.

3.3 A QUESTÃO DA EMPREGABILIDADE

O debate que envolve a empregabilidade no mundo do trabalho é um dos temas fundamentais da sociedade contemporânea e cosmopolita.

Sabe-se que com o processo de globalização, agora muito mais evidenciado pelos meios de comunicação de massa (pois globalização é um processo antigo, que decorre da exploração de diversos povos, inicialmente pelos europeus, que exportaram suas crenças e costumes), força o ser humano a adaptar-se cada vez mais rápido às novas exigências. Essa globalização, que demonstra um mercado em constante expansão, mostra ao homem a imagem de uma sociedade que deve também se expandir à mesma velocidade, sob pena de não conseguir alcançar as oportunidades quando necessário.

PARA FIXAR

As áreas de negócios de uma empresa no modelo de relacionamento atual são substituídas por outras empresas ou profissionais prestadores de serviços no modelo de relacionamento futuro.

Mas, afinal, o que é e onde se encontra ou adquire a empregabilidade?

Resumidamente, a empregabilidade é a capacidade do indivíduo de conseguir novas oportunidades de emprego, manter-se empregado e também de conseguir promoções, por meio de seus conhecimentos, habilidades e atitudes.

A empregabilidade sempre existiu, porém era mais percebida ou cobrada nos altos escalões corporativos, cuja necessidade de gerar resultados positivos era mais evidente. Ela é tão mutável quanto às necessidades de desenvolvimento do profissional.

Didaticamente, podemos comparar a empregabilidade a uma espécie de cefalópode. Cada espécie possui diferentes quantidades de tentáculos que são usados para agarrar as oportunidades e sobreviver num ambiente instável e em mudança constante. Cada tentáculo é um componente da empregabilidade, conforme demonstrado na Figura 3.2. Quanto mais tentáculos um cefalópode tiver, ou melhor, quanto mais componentes de empregabilidade forem satisfeitos, mais preparado para lidar com as adversidades do meio você estará, e mais facilmente conseguirá sobreviver e migrar para ambientes mais satisfatórios.

ABRE ASPAS

Cefalópode (*Cephalopoda*, do grego *kephale* = cabeça + *pous* = *podos*, pé) é a classe de moluscos marinhos a que pertencem os polvos, as lulas e os chocos. Os cefalópodes, que estão entre os invertebrados mais inteligentes e mais rápidos, apresentam o corpo dividido em cabeça, massa visceral e tentáculos.

Definindo os componentes da empregabilidade

1. Como está o mercado de trabalho na área em que você atua?

Normalmente, o mercado de trabalho é constituído por um grande número de profissionais. Essa quantidade permite ao contratante peneirar os candidatos de forma mais eficiente. Geralmente, quando o mercado está saturado de profissionais numa determinada área, a rotatividade aumenta, e as garantias e benefícios para fixação numa empresa tornam-se menos atrativas.

FIGURA 3.2 Componentes da empregabilidade

1. Como está o mercado de trabalho na área em que você atua?
2. Há necessidade de formação no seu ramo de atividade?
3. Você tem experiência de mercado?
4. Seu ramo de atividade está em evidência?
5. Como andam suas competências gerais e específicas?
6. Como é sua rede de relacionamento, sua *network*?
7. Quais são suas características de personalidade?
8. Como estão sua aparência e sua postura?
9. Como anda sua automotivação?
10. Você se adapta facilmente às novas situações?

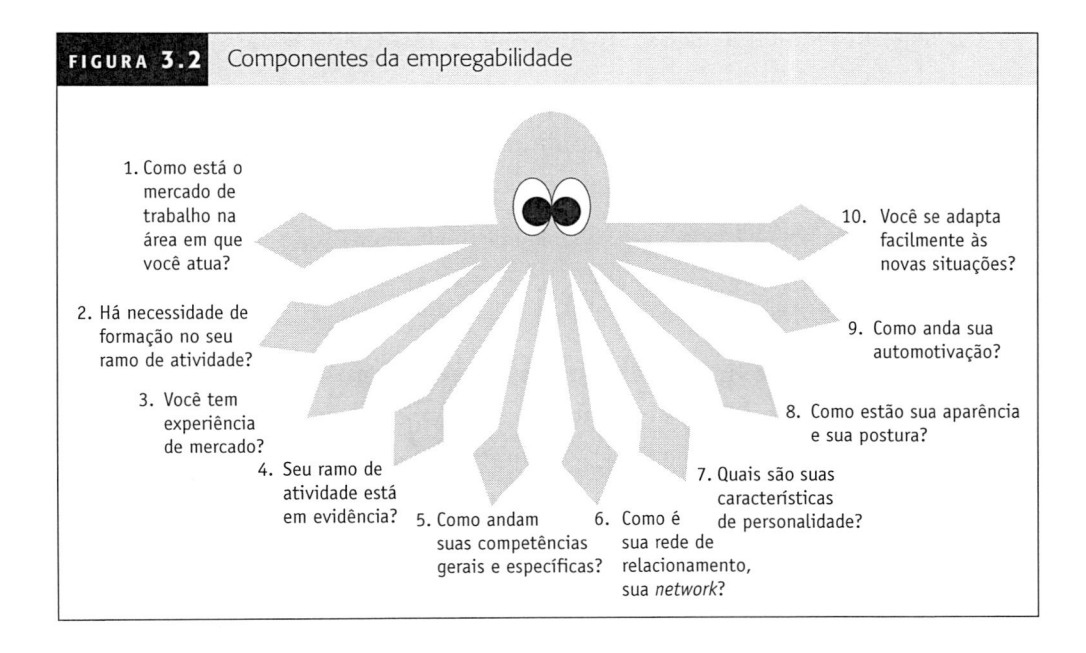

> **QUADRO ILUSTRATIVO**
>
> A empregabilidade é a capacidade do indivíduo de conseguir novas oportunidades de emprego, manter-se empregado e também de conseguir promoções. É definida por Rueda, Martins e Campos (2004) como as ações empreendidas pelas pessoas para desenvolver habilidades e buscar conhecimentos favoráveis, com vistas a conseguir uma colocação no mercado de trabalho, seja ele formal ou informal.
>
> E quais são as necessidades do mercado de trabalho? As empresas desejam aumentar a competitividade e, para isso, precisam que as pessoas tenham elevada produtividade e desempenho. Mais do que nunca, um diploma de ensino superior é importante, mas somente ele não garante permanência e sucesso no emprego.
>
> As empresas têm muito interesse naquelas pessoas que não se fixam na função, desejam aquelas que são versáteis e competentes para desempenhar todas as tarefas e funções necessárias no ambiente de trabalho.

2. Há necessidade de formação no seu ramo de atividade?

Houve uma época em que a formação não tinha muita importância. Hoje em dia, ela é fundamental para a empregabilidade, pois as instituições de ensino se preocupam cada vez mais com a formação direcionada para o mercado de trabalho, reduzindo sensivelmente o tempo que o profissional levaria para adquirir o conhecimento apenas com a prática.

3. Você tem experiência de mercado?

A experiência de mercado permite ao profissional vivenciar os conhecimentos adquiridos durante sua formação. É com a experiência que o indivíduo consegue enxergar de forma clara e objetiva as possíveis soluções, e implementá-las com maior grau de eficácia.

4. Seu ramo de atividade está em evidência?

As áreas do conhecimento, da mesma forma que outras áreas, são cíclicas, ou seja, têm maior ou menor grau de importância, de acordo com as necessidades do mercado.

5. Como andam suas competências gerais e específicas?

Os conhecimentos adquiridos e acumulados durante toda sua vida, além de sua habilidade em fazer e lidar com diferentes situações, são provas da sua capacidade de realizar. Foi-se o tempo em que a competência a ser adquirida limitava-se à sua área de atuação. A empregabilidade exige profissionais especialistas e também generalistas, que dominem uma ou mais áreas e consigam se movimentar sem grandes embaraços por várias outras.

6. Como é sua rede de relacionamento,[1] sua *network*?

Quem você conhece pode ajudar a alavancar sua carreira ou sua empresa? Onde estão essas pessoas? Qual o grau de importância desses indivíduos no mapa de poder do mercado? Quantas pessoas você conhece? Essas pessoas atuam nas mesmas áreas que você?

7. Quais são suas características de personalidade?

Atualmente, as empresas buscam profissionais que, além de dominar processos dos mais variados, também dominam os aspectos pessoais de relacionamento com o meio. Esses aspectos, ou características de personalidade, passam pela proatividade, pela capacidade de tomada de decisões em momentos de pressão e estresse emocional, pela persistência, pela empatia e pela capacidade de interagir com as diferenças do meio (cultura, religião, política).

8. Como estão sua aparência e sua postura?

Uma embalagem inadequada (danificada, amassada, quebrada, suja ou não condizente com o produto) causa antipatia por parte de quem adquire o produto, levando o consumidor a não o escolher ou deixá-lo como última opção.

Tudo o que sabemos e temos a oferecer também tem uma embalagem de venda. Essa embalagem é composta por aspectos como o tipo e estilo de vestimenta, a postura corporal, o linguajar, o tom de voz, entre outros aspectos relevantes que impactam na empregabilidade.

9. Como anda sua automotivação?[2]

As barreiras encontradas no dia a dia são fatores impulsionadores, encarados como forma de desenvolvimento e crescimento, ou são encarados como freios para atingir as metas e objetivos propostos?

10. Você se adapta facilmente às novas situações?

O profissional que possui um alto índice de empregabilidade consegue adaptar-se ao meio com muita rapidez, minimizando o estresse gerado pelas mudanças, sejam elas longas e esperadas ou rápidas e abruptas.

Um lembrete importante: a adaptação pode ir de encontro com seus valores pessoais. Nesse caso, você deve ponderar, medir e avaliar as vantagens e desvantagens que a mudança acarretará.

ABRE ASPAS

Uma *network* adequada deve ajudar a ampliar e multiplicar contatos profissionais. Ela funciona como fonte de informação e de atualização sobre tendências de mercado.

Chiavenato, 2002

SAIBA MAIS

O conceito americano de competência define-a como um conjunto de conhecimentos, habilidades e atitudes que justificam um alto desempenho.
Para Fleury e Fleury (2001), a **competência** é um saber agir responsável e reconhecido, que implica mobilizar, integrar, transferir conhecimentos, recursos e habilidades que agreguem valor econômico à organização e valor social ao indivíduo.
Para Minarelli (1995), a competência é desenvolvida pela formação escolar, pelos treinamentos recebidos, pelo autodidatismo e pela vivência cotidiana.

---

1 Rede de relacionamento, ou seja, o conjunto de pessoas que você conhece e que podem ajudá-lo a realizar seus projetos pessoais e profissionais.
2 Motivação: conjunto de fatores psicológicos (conscientes ou inconscientes), de ordem fisiológica, intelectual ou afetiva, que agem entre si e determinam a conduta de um indivíduo.

Um aspecto bastante importante para a empregabilidade é a capacidade de saber para onde se quer ir, como chegar lá, o que será necessário durante essa viagem e em quanto tempo. A empregabilidade de um indivíduo está relacionada diretamente ao seu sucesso.

Observando as empresas que obtiveram ao longo do tempo um diferencial que as colocou em evidência perante seus concorrentes e o mercado, notamos que todas elas têm um plano de voo, ou melhor, um plano de negócios.

Ao analisar os indivíduos de sucesso, todos planejaram de antemão onde e o que estariam fazendo num determinado período de tempo. Para o profissional, o plano de negócios de uma empresa é conhecido como projeto de vida. Nele estarão descritas as ações que ele deverá tomar para alcançar o sucesso esperado e, assim, dimensionar sua empregabilidade.

3.4 EMPRESARIEDADE

Já é sabido que o profissional, para melhorar suas chances de sucesso num mercado cada vez mais competitivo, deve expandir seus conhecimentos (além de mantê-los sempre atualizados) e suas habilidades e lapidar seu comportamento.

À medida que a empregabilidade de um indivíduo aumenta, aumentam também os riscos para a empresa. Você já deve ter ouvido falar em empresas que não investem nos seus funcionários com medo de perdê-los para a concorrência. Isso ocorre, mas essa é apenas parte da verdade.

Essas empresas possuem uma visão muito simplista dos fatos, e acabam imputando toda a culpa da perda apenas na capacitação ou no treinamento que deram ao seu pessoal, esquecendo-se do ser humano, muitas vezes maltratado diariamente por um clima organizacional desfavorável, chefias despreparadas para assumir o papel de líderes e incentivadores, políticas de recursos humanos partidárias, ambiente físico inadequado, entre outras mazelas.

Essencialmente, empresariedade é a capacidade que uma empresa tem de reter seus talentos por meio de aspectos como:

1. ambiente incentivador;
2. ambiente saudável;
3. salário competitivo;
4. benefícios iguais ou acima do mercado;
5. excelente clima organizacional;
6. política de recursos humanos clara, objetiva e voltada para o desenvolvimento do indivíduo;
7. objetivos e metas que permitam o crescimento do indivíduo alinhado ao crescimento da empresa;

8. lideranças proativas e voltadas para os resultados globais, sem esquecer os individuais;
9. *feedback* que aponte as soluções, e não apenas os problemas;
10. reconhecimento;
11. respeito às diferenças.

Podemos comparar o profissional com alta ou baixa empregabilidade a empresas que possuem alta ou baixa empresariedade. O resultado dessa comparação gera o que chamamos de **índice de retenção de talentos**, que varia em quatro graus: retenção, baixa retenção, dispensa e migração, conforme demonstrado na Tabela 3.1, a seguir.

TABELA 3.1 — Tabela comparativa: alta ou baixa empregabilidade *versus* alta ou baixa empresariedade

		Índice de retenção de talentos			
		Retenção	Baixa retenção	Dispensa	Migração
Empresa que não se preocupa com empresariedade	**Baixa empregabilidade** Quando não há desenvolvimento do funcionário		✓	✓	
	Alta empregabilidade Quando há desenvolvimento do funcionário		✓	✓	✓
Empresa que se preocupa com empresariedade	**Baixa empregabilidade** Quando não há desenvolvimento do funcionário			✓	
	Alta empregabilidade Quando há desenvolvimento do funcionário	✓			✓

Retenção: quando há muito interesse da empresa em manter seu profissional.

Baixa retenção: quando a empresa não enxerga motivo relevante para manter seu funcionário, e a dispensa pode ocorrer por qualquer motivo, como: outros trabalhadores oferecendo-se por salários mais baixos, antipatias, diferenças de cultura etc.

Dispensa: demissão do funcionário sem motivo relevante.

Migração: mudança de empresa por vontade do profissional, causada por: assédio de outras empresas, busca por novos desafios, busca por condições diferenciadas de trabalho, melhoria no padrão de vida, autoestima, autorrealização etc.

3.5 NEOLIBERALISMO NO MUNDO DO TRABALHO

A seguir, será contextualizada de forma ampla a questão das ideias liberais e neoliberais no mundo do trabalho contemporâneo. Vamos perceber que o pensamento econômico e social dos séculos XVI e XVII reflete-se de maneira mais efetiva no mundo atual, marcado pela valorização cada vez maior do capital intelectual.

O liberalismo, como um sistema de ideias, defende a liberdade individual na sua forma mais ampla e irrestrita, por meio de uma sociedade pautada na livre iniciativa e tendo a liberdade de expressão como um exercício do direito e da lei.

Após a década de 1970, essa ideologia foi retomada pela crença fortalecida de que as desigualdades sociais são o fruto mais expoente do controle excessivo que o Estado impõe sobre a sociedade (na forma de impostos, por exemplo), e, para que o mercado se amplie gerando oportunidades para todos, há a necessidade do incentivo à competição entre as pessoas, além da comercialização do que for produzido num mercado mais amplo e global.

Podemos entender que o neoliberalismo aponta para um futuro em que as competências múltiplas serão a forma mais eficiente e segura de competir. O diferencial competitivo entre os jogadores desse cenário será o domínio de uma vasta gama de conhecimentos, em múltiplas áreas, de modo que o grau de aprofundamento desse conhecimento impactará no tempo de tomada de decisão entre uma ação e outra, além da obtenção de resultados mais condizentes com as necessidades tanto do indivíduo quanto da empresa que ele representa.

Podemos identificar as ideias neoliberais no mundo atual do trabalho como:

- Aparecimento de novas necessidades de consumo em menor tempo.
- Criação constante de novos mercados.
- Aparecimento de novas necessidades de formação acadêmica.
- Aumento da intelectualização dos povos.
- Quebra e criação constante de paradigmas.
- Adequação rápida a novas culturas.

> **PARA FIXAR**
>
> O diferencial competitivo entre os jogadores desse cenário será o domínio de uma vasta gama de conhecimentos, em múltiplas áreas.

- Miscigenação de culturas para abranger mercados mais amplos.
- Costumes globalizados.
- Necessidade de desenvolver várias atividades.
- Mudança nas características do padrão de vida social.
- Polarização de classes sociais etc.

3.6 A CLASSIFICAÇÃO BRASILEIRA DE OCUPAÇÕES E A QUESTÃO DAS COMPETÊNCIAS

A CBO – Classificação Brasileira de Ocupações, como o próprio nome aponta, é um documento no qual estão contidas a descrição e a utilização das principais famílias ocupacionais do mercado de trabalho brasileiro.

Sua estrutura básica foi criada no Projeto de Planejamento de Recursos Humanos (Projeto BRA/70/550), tendo como espelho a Ciuo de 1968 (Classificação Internacional Uniforme de Ocupações), a partir de um convênio firmado com a ONU (Organização das Nações Unidas) por intermédio da OIT (Organização Internacional do Trabalho).

A CBO é uma ferramenta de norteamento para que qualquer empresa, independentemente do seu ramo de atividade, enquadre seus funcionários nos padrões ocupacionais (cargo/função) usados no Brasil, além de servir também para:

- Referenciar o planejamento de políticas de trabalho voltadas a readequar ocupações e currículos.
- Elaborar estatísticas de emprego e desemprego.
- Medir as taxas de mortalidade e natalidade das diversas ocupações.
- Planejar a educação profissional.
- Direcionar investimento para readequação de ocupações.
- Apontar a concentração ou dispersão de vagas de trabalho nos diversos setores produtivos etc.

Além da CBO, o mercado de trabalho brasileiro usava outras tabelas de referência para identificar e categorizar as ocupações, o que dificultava muito sua padronização.

Em 1994, uma parceria entre a CBO e o IBGE, com a missão de construir uma classificação que unificasse todas as outras usadas no Brasil, deu início à Conclas — Comissão Nacional de Classificação, composta pela união de vários ministérios. Atualmente, o mercado nacional possui a CBO2002, que usa duas formas de classificar as ocupações: a classificação enumerativa e a classificação descritiva.

3.7 DADOS MUNDIAIS E BRASILEIROS SOBRE EMPREGO E EMPREGABILIDADE

Os dados mundiais sobre emprego e empregabilidade não podem ser comparados diretamente, mesmo porque, como vimos na Seção "Emprego *versus* empregabilidade", a questão da empregabilidade passa por características locais, de cultura, opções de trabalho, além do desenvolvimento da atividade industrial e o grau de desenvolvimento tecnológico da região e do país.

O que podemos estimar, com dados obtidos em vários organismos de pesquisa, como Seade, Dieese, IBGE, Caged, CBO, OIT, entre outros, é um panorama geral do emprego no mundo globalizado, deixando de lado, muitas vezes, aspectos característicos de cada nação.

Comecemos com algumas informações da OIT.

Estima-se que aproximadamente 180 milhões de pessoas no mundo estão procurando e não encontrando emprego, o que é conhecido como desemprego aberto, sendo que mais de um terço tem idade entre 15 e 24 anos.

Aproximadamente um terço de toda a população mundial, segundo termo usado pelo IBGE, está desocupada ou subocupada, ou seja, desempregada ou subempregada, o que resulta no aumento da economia informal.

A economia informal, por sua vez, reduz a produção do país e diminui a remuneração, causando o aumento da pobreza e a diminuição das chances de capacitação profissional, alimentando um círculo vicioso que, se não quebrado, pode levar a economia de alguns países ao colapso.

Então, qual é a saída?

Uma resposta provável para essa pergunta passa pelo investimento maciço em educação e pela reformulação do sistema de ensino, como fez a China. Lá, assim como no Brasil, a criança começa a estudar com idade aproximada de seis anos e fica no ensino fundamental por nove anos. A graduação leva de quatro a cinco anos, dependendo do curso, há três anos de mestrado e mais três anos de doutorado.

A diferença básica é que o ensino fundamental é gratuito para toda a população, incluindo material escolar, alimentação, custos administrativos. Além disso, é dado foco ao ensino fundamental, o qual já direciona para a ocupação necessária ao desenvolvimento da região.

Grande parte dessa população está na zona rural e divide-se em várias etnias (são 29 línguas de 21 etnias diferentes). Para solucionar esse problema, o sistema de ensino chinês, que antes era engessado (o governo determinava as mesmas diretrizes para todas as escolas, independentemente da região), agora permite aos professores implementar metodologias diferenciadas que levam em consideração as diferentes culturas regionais, ressaltando a criatividade dos alunos, além de focar o desenvolvimento tecnológico necessário para o desenvolvimento local.

SAIBA MAIS

A OIT foi criada pela Conferência de Paz após a Primeira Guerra Mundial. A sua Constituição converteu-se na Parte XIII do Tratado de Versalhes. Em 1944, à luz dos efeitos da Grande Depressão, a da Segunda Guerra Mundial, a OIT adotou a Declaração da Filadélfia como anexo da sua Constituição. A Declaração antecipou e serviu de modelo para a Carta das Nações Unidas e para a Declaração Universal dos Direitos Humanos. Em 1969, em seu 50º aniversário, a Organização foi agraciada com o Prêmio Nobel da Paz. Em seu discurso, o presidente do Comitê do Prêmio Nobel afirmou que a OIT era "uma das raras criações institucionais das quais a raça humana podia orgulhar-se".

Em 1998, foi adotada a Declaração da OIT sobre os Princípios e Direitos Fundamentais no Trabalho e seu Seguimento. O documento é uma reafirmação universal da obrigação de respeitar, promover e tornar realidade os princípios refletidos nas Convenções fundamentais da OIT, ainda que não tenham sido ratificados pelos Estados Membros.

Desde 1999, a OIT trabalha pela manutenção de seus valores e objetivos em prol de uma agenda social que viabilize a continuidade do processo de globalização por meio de um equilíbrio entre objetivos de eficiência econômica e de equidade social.

Fonte: www.oitbrasil.org.br

Houve investimento também em pesquisa e tecnologias e unificação de vários segmentos dos cursos de nível superior, com ênfase nos de curta duração, conhecidos como universidades profissionais de curta duração.

O que se percebeu na China, com as mudanças no sistema de educação e investimento pesado em desenvolvimento tecnológico, industrial e de serviços, foi o crescimento econômico, que bate recordes ano após ano.

O Brasil e a China têm características parecidas: grande extensão territorial, concentração de renda em alguns estados mais desenvolvidos e discrepâncias sociais. O que nos falta são políticas que minimizem o desemprego aberto, qualificando os profissionais que ainda não estão no mercado (jovens) e readequando aquela maioria que desenvolve trabalho precário ou caminha para isso.

> Alguns dados sobre o quadro brasileiro, segundo o Dieese e a fundação Seade, para o período compreendido entre dezembro de 2006 e junho de 2008:
> - A taxa de desemprego total diminuiu de 15,8% para 13,9%.
> - A taxa de desemprego aberto decresceu de 10,4% para 9,6%.
> - A taxa de desemprego oculto decresceu de 4,7% para 3,2%.
> - O contingente de empregados está estimado em 9.042 milhões de pessoas só no Estado de São Paulo, 559 mil a mais que em dezembro de 2006.
> - O acréscimo no nível de ocupação resultou na criação de 45 mil postos de trabalho nos serviços e mais 33 mil em outros setores.
> - O rendimento médio cresceu em torno de 4,7% nos meses de dezembro de 2007 a maio de 2008, ficando em torno de R$ 1.200,00.

PARA FIXAR

No ano 2000, um profissional com nível superior ganhava 175% mais que um profissional de nível médio. No final de 2007, esse índice cresceu para 196% (21% a mais que no ano 2000).

Fonte: www.dieese.org.br/ped/bd/mercadotrab.xml.

Outras características que impactam fortemente na questão do emprego e da empregabilidade no Brasil merecem ser ressaltadas.

O MT (Ministério do Trabalho) e a Seade, entre outros órgãos de pesquisa, demonstram um fato interessante. Com a maior facilidade do acesso à faculdade, e consequente derramamento de profissionais com terceiro grau completo disponíveis para o mercado de trabalho, o valor pago por esse profissional tem diminuído consideravelmente nas últimas duas décadas, puxando para baixo também todos os outros salários oferecidos para aqueles com grau de instrução inferior.

Devido a esse achatamento geral nos salários, os profissionais que estão na faixa do ensino fundamental incompleto ao superior incompleto estão disputando a mesma fatia de mercado, ou seja, a fatia destinada outrora àqueles sem nenhuma qualificação ou até analfabetos, conforme Figura 3.3.

Outro dado interessante é o da faixa etária, conforme demonstrado na Figura 3.4. Observa-se que a seletividade do mercado coloca o profissional com idade entre 40 e 60 anos, geralmente com baixa qualificação, num patamar de concorrência com o jovem de 18 a 24 anos que está ou não no processo de qualificação.

44 EMPREGABILIDADE: COMPETÊNCIAS PESSOAIS E PROFISSIONAIS

FIGURA 3.3 Rendimento médio real dos ocupados no trabalho principal, segundo nível de instrução

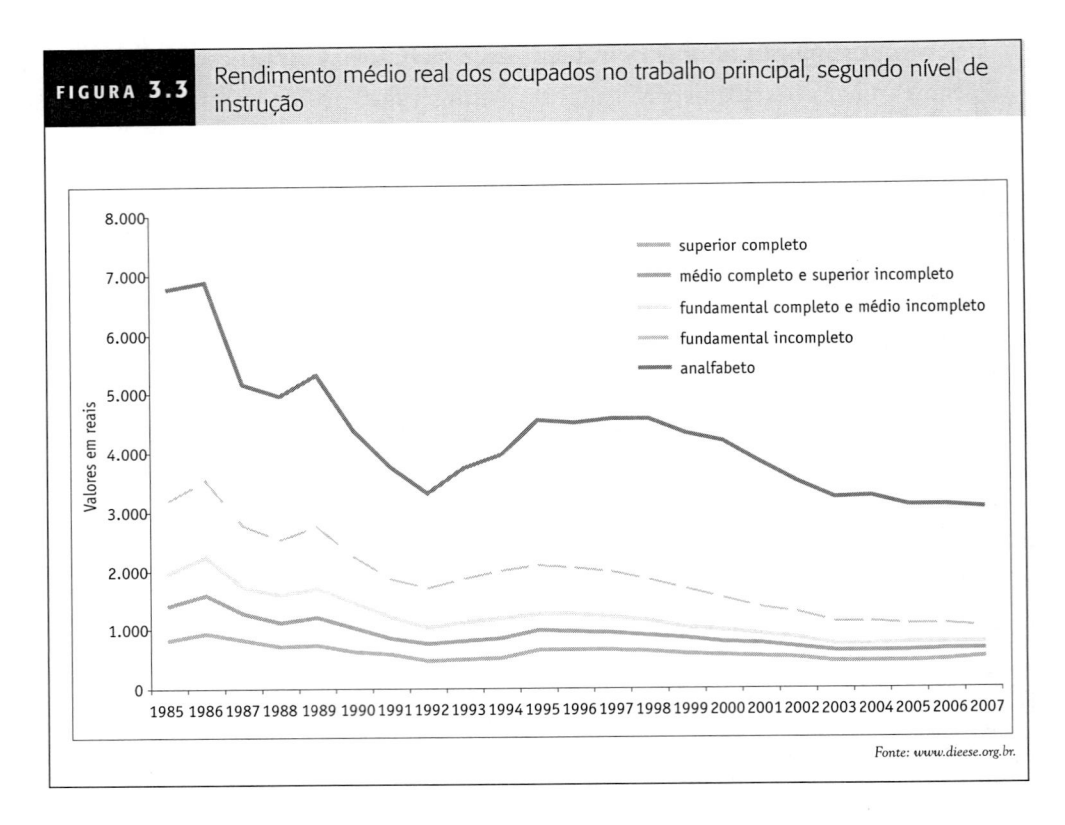

- superior completo
- médio completo e superior incompleto
- fundamental completo e médio incompleto
- fundamental incompleto
- analfabeto

Fonte: www.dieese.org.br.

FIGURA 3.4 Distribuição dos ocupados, segundo atributos pessoais, na Região Metropolitana de São Paulo, entre 1985 e 2005

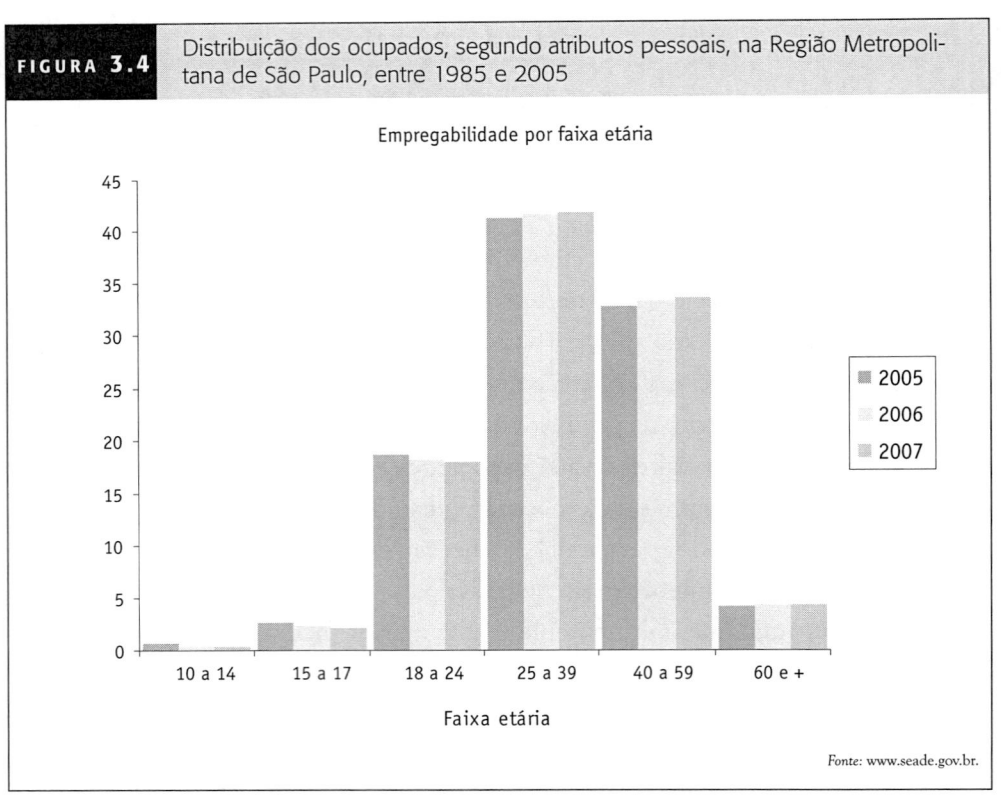

Empregabilidade por faixa etária

Faixa etária

Fonte: www.seade.gov.br.

A verdade é que, entre pagar um salário mediano para quem tem alguma qualificação e pagar pouco para quem não tem nenhuma, o mercado escolhe, normalmente, a segunda opção.

E quanto às mulheres? As pesquisas demonstram também um fato interessante sobre esse assunto.

Nas últimas décadas, as mulheres vêm buscando maior qualificação e, consequentemente, concorrendo nas mesmas áreas de atividade que eram anteriormente exclusivas do público masculino (áreas de manutenção e montagem, autopeças, metalurgia, economia informal, terceiro setor etc.). Veja a Figura 3.5.

Mesmo com essa maior qualificação, muitas vezes exercendo as mesmas funções nos mesmos cargos que os homens, as mulheres ainda têm um rendimento em média 35% inferior.

Já há séculos o homem vem buscando fazer cada vez mais em prazos cada vez mais exíguos. A corrida para tentar achar, fazer ou ser algo novo ou diferente tem feito com que o ser humano amplie seu domínio do conhecimento e busque novas fronteiras.

Infeliz ou felizmente, com o passar do tempo, os conceitos velhos vão sendo deixados de lado ou lapidados de forma que muitas vezes não os reconhecemos mais. As fronteiras não são mais físicas, feitas de pau ou pedra. Elas agora são intangíveis, porém mais reais do que nunca. Passam pela aplicação de conhecimentos antigos em mundos novos, ou de conhecimentos novos em mundos que ainda não chegaram — mas o que importa é estar preparado.

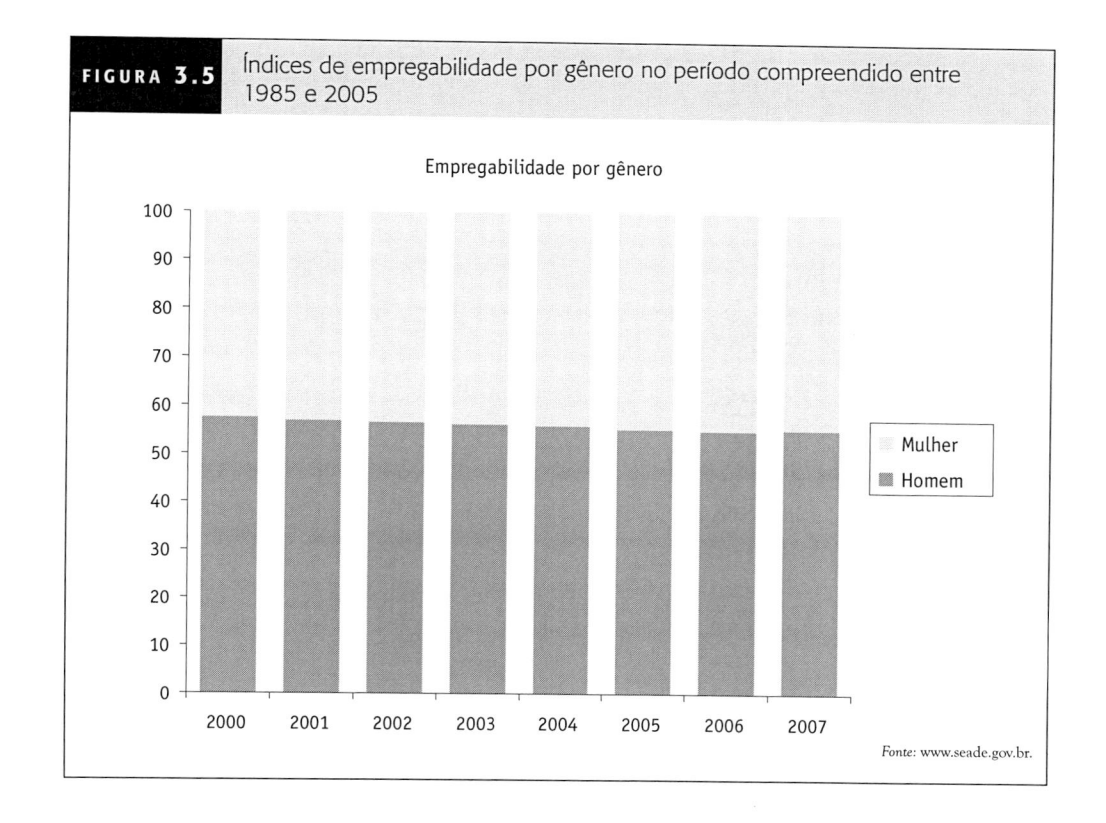

> **FIQUE DE OLHO**
>
> A idade para o profissional deve vir juntamente com o domínio de várias áreas do conhecimento, de múltiplas competências e de diferenciais competitivos adequados ao cenário presente.

FIGURA 3.5 Índices de empregabilidade por gênero no período compreendido entre 1985 e 2005

Fonte: www.seade.gov.br

As palavras de ordem atuais há muito deixaram de ser patriotas para serem globalizadas, e isso significa entender um pouquinho de quase tudo, absorvendo vários hábitos, como:

- Estar sempre atento ao novo.
- Enxergar o novo como se ele fosse um velho conhecido.
- Deixar de lado velhos paradigmas e criar novos que possam ser descartados sem grande prejuízo.
- Administrar de forma eficaz o eu, sem deixar de lado o tu, o ele etc.
- Lidar de forma eficaz com as coisas diferentes.
- Pensar muito, mas rápido e melhor.

Resumo

- O trabalho evoluiu concomitantemente com as revoluções sociais pelas quais o homem, como o conhecemos, vem passando nos últimos nove mil anos.
- A primeira revolução tecnocientífica foi marcada pela produção em larga escala, por meio do aprimoramento das técnicas de agricultura, gerando excedentes, permitindo que outros indivíduos migrassem da atividade de manuseio da terra e criação de animais para atividades artesanais.
- A segunda revolução tecnocientífica foi marcada pela aceleração do desenvolvimento dos meios de produção de bens, em que o invento de novas máquinas movidas a vapor e a descoberta da energia elétrica permitiram a substituição da força bruta por meios mais eficientes.
- O emprego pressupõe uma relação entre dois ou mais indivíduos, em que um organiza as ações e o outro executa.
- O trabalho formal como conhecemos atualmente (relação empregado e empregador, com carteira de trabalho e direitos trabalhistas resguardados) sofrerá grandes mudanças.
- Empregabilidade é a capacidade do indivíduo de conseguir novas oportunidades de emprego, manter-se empregado e também de conseguir promoções por meio de seus conhecimentos, habilidades e comportamentos.
- Essencialmente, empresariedade é a capacidade que uma empresa tem para reter seus talentos.
- O liberalismo, como um sistema de ideias, defende a liberdade individual na sua forma mais ampla e irrestrita por meio de uma sociedade pautada na livre iniciativa e tendo a liberdade de expressão como um exercício do direito e da lei.
- A CBO – Classificação Brasileira de Ocupações, como o próprio nome aponta, é um documento no qual estão contidas a descrição e a utilização das principais famílias ocupacionais do mercado de trabalho brasileiro.
- O Ministério do Trabalho e a Seade, entre outros órgãos de pesquisa, demonstram um fato interessante. Com a maior facilidade de acesso à faculdade e consequente derramamento de profissionais com terceiro grau completo disponíveis no mercado de trabalho, o valor pago por esse profissional tem diminuído consideravelmente nas últimas duas décadas.
- Nas últimas décadas, as mulheres vêm buscando maior qualificação e, consequentemente, concorrendo nas mesmas áreas de atividade que eram anteriormente exclusivas do público masculino.

REFERÊNCIAS

CADASTRO GERAL DE EMPREGO E DESEMPREGO – CAGED. Disponível em: <http://www.caged.com.br>. Acesso em: 10 nov. 2008.

CHIAVENATO, Idalberto. *Carreira e competência: gerenciando seu maior capital*. São Paulo: Saraiva, 2002.

CLASSIFICAÇÃO BRASILEIRA DE OCUPAÇÕES. Disponível em: <http://www.mtecbo.gov.br>. Acesso em: 10 nov. 2008.

CLASSIFICAÇÃO NACIONAL DE ATIVIDADES ECONÔMICAS – CNAE/Comissão Nacional de Classificação. Disponível em: <http://www.cnae.ibge.gov.br>. Acesso em: 10 nov. 2008.

COSTA, Maria C. Contilho. *Sociologia: introdução à ciência da sociedade*. São Paulo: Medeiro, 2005.

FLEURY, Maria Tereza; FLEURY, Afonso. "Construindo o conceito de competência". *Revista de Administração Contemporânea*, edição especial, p. 183-196, 2001.

FUNDAÇÃO SISTEMA ESTADUAL DE ANÁLISE DE DADOS – SEADE. Disponível em: <http://www.seade.gov.br>. Acesso em: 10 nov. 2008.

INSTITUTO BRASILEIRO DE GEOGRAFIA E ESTATÍSTICA – IBGE. Disponível em: <http://www.ibge.gov.br>. Acesso em: 10 nov. 2008.

MINARELLI, José Augusto. *Empregabilidade: o caminho das pedras*. São Paulo: Editora Gente, 1995.

MINISTÉRIO DO TRABALHO – MT. Disponível em: <http://www.mte.gov.br>. Acesso em: 10 nov. 2008.

ORGANIZAÇÃO INTERNACIONAL DO TRABALHO – OIT Brasil. Disponível em: <http://www.oitbrasil.org.br>. Acesso em: 10 nov. 2008.

RUEDA, Marín; MARTINS, Luciana Julio; CAMPOS, Keli Cristina de Lara. "Empregabilidade: o que os alunos universitários entendem sobre isto?". *Psicologia: teoria e prática*, v. 6, n. 2. São Paulo, 2004.

PARA REFLEXÃO

Há uma grande variedade de estudos de caso que relatam experiências profissionais bem sucedidas em áreas que começam a exigir o domínio de vários conhecimentos, como a informática aplicada a áreas específicas. Acesse o link a seguir para ler um bom exemplo desses superprofissionais: <http://super.abril.com.br/superarquivo/200/conteudo_149488.shtml>

ATIVIDADES

Responda, resumidamente e com as suas palavras, ao seguinte roteiro de estudo e fixação do conteúdo.

1. Qual a diferença entre emprego e trabalho?
2. As empresas da atualidade possuem um modelo de relacionamento. Possivelmente, ele será substituído por outro mais flexível. Qual é esse modelo e quais as diferenças entre ele e o atual?
3. O que você entende por empregabilidade? E empresariedade? Quais os componentes da empregabilidade e da empresariedade?
4. O que se entende por neoliberalismo e como podemos identificar as ideias neoliberais no mundo do trabalho contemporâneo?
5. O que é a CBO e para que serve?
6. Qual a importância da escolaridade nos cenários brasileiro e mundial?
7. Aponte um cargo ou função que você pretende exercer após sua formação.
8. Liste as competências necessárias para esse cargo ou função, compare-as com suas competências atuais e relacione o que você precisa fazer para complementar as competências que ainda não adquiriu.

TEMA PARA REFLEXÃO E PRODUÇÃO DE TEXTO

Com base no estudo de caso apresentado, faça uma redação, com no mínimo dez linhas, cujo tema é: "Profissional do futuro, um pouco de tudo".

CAPÍTULO 4

MARKETING PESSOAL: SUA IMAGEM NO MUNDO

Ana Lúcia Jankovic Barduchi
Josiane C. Cintra

OBJETIVOS DE APRENDIZAGEM

APÓS LER O TEXTO E PRATICAR AS ATIVIDADES PROPOSTAS, VOCÊ SERÁ CAPAZ DE:

- COMPREENDER QUE A EFICÁCIA DO MARKETING PESSOAL DEPENDE DO RECONHECIMENTO DE SEUS PRÓPRIOS VALORES E PADRÕES ÉTICOS, QUE COMPÕEM SUA MARCA PESSOAL.
- DIFERENCIAR ESSÊNCIA E APARÊNCIA, IMAGEM E AUTOCONCEITO PESSOAL E PROFISSIONAL.
- DEFINIR MARKETING E MARKETING PESSOAL.
- DESCREVER A IMPORTÂNCIA DO MARKETING PESSOAL NAS ESFERAS PESSOAL E PROFISSIONAL.
- IDENTIFICAR QUAIS SÃO OS COMPONENTES DO MARKETING APLICADOS ÀS PESSOAS PARA A COMPOSIÇÃO DA IMAGEM PESSOAL E PROFISSIONAL.
- APLICAR SUGESTÕES DE COMO FAZER NETWORKING.
- IDENTIFICAR E DESENVOLVER A MARCA PESSOAL.

INTRODUÇÃO

O tema *marketing pessoal* já foi bastante explorado por diversos autores e de várias formas, inclusive de uma maneira pejorativa, na qual o recurso é visto como uma solução milagrosa para os problemas profissionais, bastando o simples cuidado com a aparência para a obtenção do sucesso.

Como o marketing pessoal, do nosso ponto de vista, não pode ser feito de forma padronizada, de acordo com instruções descritas em manuais, neste capítulo abordaremos o tema como um processo integrado e que deve ser continuamente desenvolvido, revisado e repensado.

> **FIQUE DE OLHO**
>
> Em sua pesquisa de mestrado, Uvaldo (2002) demonstra que cada vez mais adultos vêm procurando a orientação profissional para reposicionarem-se pessoal e profissionalmente. Esse trabalho deve auxiliar, por meio do desenvolvimento de um projeto de vida, a formação de uma autoimagem adequada, que, se bem fortalecida, aumenta a confiança transmitida pelos indivíduos, seja a seus pares, seja a seus empregadores, favorecendo a empregabilidade, entre outras coisas.

Ajustar a *visão de mundo* auxilia-nos a perceber os aspectos relevantes que tornam nossa imagem pessoal uma ferramenta indispensável para um bom posicionamento e destaque no mundo e, mais especificamente, no mercado de trabalho.

Diante de um panorama de grandes mudanças, é fato que o homem precisa não apenas se ajustar a elas, mas também promovê-las. Para tanto, como vimos nos capítulos iniciais deste livro, é importante desenvolver competências que são essenciais às pessoas, e duas delas são: o cuidado com o projeto de vida e a construção de uma imagem pessoal fortalecida.

Em linhas gerais, este capítulo o ajudará a compreender o que é marketing pessoal, sua importância e sua aplicabilidade. Inicialmente, faremos algumas reflexões importantes e apresentaremos e discutiremos os principais conceitos relativos ao tema. Para finalizar, descreveremos algumas orientações básicas sobre como desenvolver e utilizar o marketing pessoal como ferramenta para aperfeiçoar sua imagem.

4.1 CENÁRIO

É importante que se entenda o contexto no qual aplicamos o recurso chamado marketing pessoal, para que ele não seja apenas mais um modismo e, portanto, um receituário milagroso para a solução de problemas que possa ser aplicado da mesma maneira em qualquer situação.

Nos três primeiros capítulos deste livro, vimos que o mundo mudou em decorrência de alguns fatores, dentre os quais a globalização e a tecnologia, e que para sobreviver a essas mudanças é necessário o desenvolvimento de competências que nos preparem para os desafios. O cenário contemporâneo está bem delimitado:

- o entendimento sobre o que se deve fazer para ter sucesso é bem claro, visivelmente marcado na literatura de autoajuda, que delega a responsabilidade do sucesso a cada indivíduo, bastando para isso um esforço pessoal;
- as mudanças ocorrem o tempo todo, o que abre espaço para cada pessoa ser agente de transformação da própria história e da sociedade em que vive para o bem-estar individual e coletivo.

Existem escolhas a serem feitas. As regras do jogo estão dadas. Cabe a você decidir como as usará, baseando-se sempre em seus valores, crenças, ética e marca pessoal, mas com a consciência de que, para alcançar o sucesso, seja lá o que isso signifique para você em seu projeto de vida, algumas coisas dependem inteiramente de cada pessoa, outras não.

> **PARA FIXAR**
>
> Autoajuda: conjunto de práticas que visam ao desenvolvimento de si mesmo e que está sujeito às mesmas regras que movimentam o mercado: elevar as vendas e fazer uso do marketing e de fórmulas eficazes para atingir objetivos.
>
> Theodoro, 2004

> **ABRE ASPAS**
>
> Parece-me que o erro que se comete mais normalmente no tocante aos desejos é que não se distinguem o suficiente as coisas que dependem inteiramente de nós das que não dependem.
>
> **Descartes**
> (*As paixões da alma*)

4.2 MARKETING E MARKETING PESSOAL: CONCEITOS

Alguns especialistas definem o marketing como estratégias para conquistar e fidelizar clientes; outros, como uma maneira de otimizar vendas e resultados. Há ainda aqueles que entendem o marketing como modo de fazer com que a marca do produto seja sempre a mais lembrada pelos consumidores. Por outro lado, se perguntarmos a um leigo o que é marketing, provavelmente ele responderá que é sinônimo de manipulação, propaganda ou vendas.

Atualmente, em uma compreensão compartilhada pelos estudiosos, sabe-se que a venda e a propaganda são dois dos componentes do marketing, mas ele não se reduz a isso (Kotler e Keller, 2006; Rizzo, 2006).

É interessante destacar que o conceito de marketing apresentado por Kotler e Keller traz a ideia de que existe uma *troca* (dar e receber), que ela deve *satisfazer ambas as partes* (todos ganham) e ter como objeto produtos e serviços *de valor* (qualidade e credibilidade).

Quando aplicamos os conceitos de marketing às pessoas, de modo que elas se tornem um 'produto' desejado pelo mercado consumidor, temos a ferramenta conhecida como *marketing pessoal*.

Embora haja diferentes abordagens sobre o tema, seguem alguns pontos de vista que podem ser considerados comuns em relação ao marketing pessoal:

- é um recurso estratégico que possibilita o bom posicionamento do profissional, assim como um diferencial mercadológico que agrega valor à sua imagem;
- não é criar uma imagem falsa de si mesmo ou que não corresponda ao autoconceito.

Finalizando, uma nota é importante: o marketing pessoal é uma ferramenta que usa estratégias de marketing para projetar uma imagem correspondente ao autoconceito de uma pessoa. Por isso, é possível que se encontre aplicação do termo *imagem pessoal* como uma alternativa menos comercial e mais humana de se falar de marketing.

> **PARA FIXAR**
>
> Marketing é um processo social pelo qual indivíduos e grupos obtêm o que necessitam e desejam por meio da criação, da oferta e da livre troca de produtos e serviços de valor com o outro.
>
> Kotler e Keller, 2006, p. 4

> **PARA FIXAR**
>
> Autoconceito: conjunto de atitudes e crenças que um indivíduo tem a respeito de si, que são formadas em sua interação social.
>
> Tamayo e Abbad, 2006

4.3 A IMPORTÂNCIA DO MARKETING PESSOAL

Pelo que vimos até agora, o que você pensa sobre marketing pessoal? Ele é essencial ou supérfluo? A seguir serão apresentadas informações para que você compreenda a importância do marketing pessoal.

Na esfera pessoal, ele é importante nos seguintes aspectos:

1. Ajuda no desenvolvimento de uma identidade marcante, que nos diferencie dos nossos concorrentes. Em uma sociedade global, o desafio está em se destacar, em se diferenciar para ser notado.

> **PARA FIXAR**
>
> Autoconceito profissional é a percepção que o indivíduo tem de si em relação ao trabalho e às tarefas que executa.
>
> Tamayo e Abbad, 2006

2. É parte da elaboração de um projeto de vida, permitindo-nos saber o que o consumidor quer e comparar com o que podemos oferecer, sempre considerando os valores, os limites e as potencialidades.

3. É uma forma de conseguir pertencimento e aceitação em um grupo, mostrando às pessoas que estamos adequados às regras e padrões de conduta, bem como aptos a conquistar um espaço maior e melhor.

4. Fortalece o autoconceito.

Na esfera profissional, o marketing pessoal é importante nos seguintes aspectos:

1. As empresas devem fortalecer os colaboradores não apenas na capacitação técnica, mas também no *autoconceito profissional*, pois, por meio da imagem pessoal, eles representam a empresa.

2. Um autoconceito profissional bem-estabelecido beneficia o sistema organizacional, uma vez que as pessoas podem agir em prol da empresa porque desejam (espontaneamente), e não porque se sentem contratualmente obrigadas. Isso é chamado de comportamento de civismo (Siqueira, 1995, citado por Porto e Tamayo, 2005).

3. O marketing pessoal aplicado à profissão torna-nos necessários à empresa ou ao mercado de trabalho por mais tempo. Um termômetro para saber se o recurso está aplicado corretamente é observar se ainda há desafios em nosso dia a dia de trabalho, bem como responsabilidades novas. Se isso não ocorre, duas hipóteses podem ser consideradas:

    - não há um projeto de vida em execução ou um marketing pessoal adequado (não há visibilidade);
    - está na hora de buscar novos desafios em outro lugar.

4. O marketing pessoal na esfera profissional é importante em todos os níveis e em qualquer cargo ocupado. No que diz respeito aos cargos de liderança, os líderes estão a todo tempo superexpostos e, segundo Teixeira e Popadiuk (2003), têm sua confiança monitorada pelos funcionários nas dimensões: respeito (poder expressar o que pensa, dar orientações e condições de trabalho, aceitar as características pessoais dos liderados), honestidade (lealdade e cumprimento de acordos) e crédito no liderado (poder de decisão, responsabilidade e liberdade para desenvolver o trabalho).

Em síntese, a importância do marketing pessoal está em colocar as pessoas em destaque, expressando um conjunto de habilidades importantes ao mercado consumidor que fortaleçam e expressem o autoconceito.

> **FIQUE DE OLHO**
>
> Reforçando a importância do marketing pessoal e de suas estratégias para o correto posicionamento no ambiente organizacional e, especialmente, para apoiar o desenvolvimento de carreira, vale chamar a atenção para um modelo apresentado pela vice-presidente de recursos humanos da AES do Brasil, Cibele Castro, no 2º Congresso Virtual de RH (2008). Esse modelo, chamado de P.I.V., é baseado em literatura internacional sobre desenvolvimento de carreira:
>
> - P (Performance): significa o que você entrega (realizações), as responsabilidades que assume, a execução e os valores percebidos na forma com que você faz as coisas.
> - I (Imagem): a mensagem que você envia antes mesmo de começar a falar (como você anda, se veste, se movimenta), reforçadas imediatamente pela forma como você se apresenta, como se comunica (o que fala e como fala).
> - V (Visibilidade): oportunidade de mostrar quem você é e o que pode realizar. Pode ser extremamente positiva se você estiver preparado, mas também pode ser desastrosa no caso oposto.

4.4 COMO APLICAR OS COMPONENTES DE MARKETING AO MARKETING PESSOAL

Para discutirmos a aplicação do conteúdo estudado até o momento vamos traçar um paralelo entre os conceitos, comparando as pessoas (suas características e competências) com produtos, bem como apresentando pontos de análise necessários à composição da imagem pessoal.

4.4.1. Produto: você

O processo de desenvolvimento do produto 'você' deve ter como base algumas reflexões já feitas no Capítulo "Projeto de vida", pois ali estão identificados os elementos que compõem sua 'essência', sua identidade, seu autoconceito e a definição do espaço que quer ocupar no mundo, que estão delimitados por seus objetivos pessoais e profissionais.

Existem diversas competências profissionais consideradas importantes, que podem ser identificadas em anúncios de emprego feitos por grande parte das empresas, bem como em revistas especializadas que abordam o tema 'desenvolvimento de carreira' e 'empregabilidade'. Elas estão diretamente ligadas ao ambiente corporativo atual, refletindo as características exigidas para a sobrevivência das empresas. Dentre elas, podemos citar: flexibilidade, criatividade, inovação, envolvimento e comprometimento. Discutiremos rapidamente cada uma delas.

> **PARA FIXAR**
>
> Essência: o que constitui a natureza de algo.
> Aparência: o que se mostra à primeira vista.
> Imagem: representação mental de um objeto, impressão.
> Parecer: ter semelhança com, ter aparência de; causar a impressão de estar em certo estado ou condição ou de realizar certa ação.
>
> *Fonte:* Ferreira, *Minidicionário Aurélio*, 2004.

Flexibilidade

Você já reparou que existem carros, como o Gol, que estão há mais de vinte anos no mercado? Quantas transformações ele já sofreu desde seu lançamento em 1982? A cada ano, são feitas alterações com base em pesquisas de opinião visando à melhoria, à conquista de novos mercados e à satisfação dos consumidores, e isso faz parte do processo de marketing.

Em termos profissionais, flexibilidade pode significar revisar seu planejamento pessoal, suas ideias ou forma de agir, mas é uma habilidade importante, pois o mercado exige adaptações e mudanças rápidas. Portanto, procure estar sempre atento às exigências do mundo atual e mostrar-se maleável diante de questões que envolvam alterações em seus planos e atitudes.

Criatividade e inovação

No ambiente atual, em que o volume de informações é enorme e o acesso a elas é bastante facilitado por meio da tecnologia, a criatividade é cada vez mais valorizada. Mas não basta ter ideias novas e diferentes; é preciso viabilizá-las. É o que chamamos de inovação. Para inovar, colocar as ideias em prática, é preciso ter flexibilidade e disposição para correr riscos.

Envolvimento e comprometimento

Observando os profissionais de destaque no mundo corporativo, pode-se perceber que, em geral, há um ponto comum entre eles: são profissionais que se dedicam às causas das empresas que representam.

Estar envolvido significa fazer parte dos acontecimentos do dia a dia, tanto dos bons quanto dos difíceis. E estar comprometido é assumir responsabilidades na conquista de desafios ou na solução de problemas, dispondo-se a empregar esforço pessoal, visando a obter ganhos individuais e coletivos. Portanto, procure entender que, para obter ganhos, seja por meio de relacionamentos, seja pela empresa, é necessário oferecer esforço pessoal em troca.

4.4.2. Embalagem

No cenário atual, a sociedade valoriza aquilo que se pode ver e que é atraente, pois vivemos um momento de consumismo e imediatismo, no qual a aparência e a imagem são, muitas vezes, aceitas de imediato como verdadeiras, sem haver interesse na busca pela essência.

No entanto, mesmo que os produtos e serviços sejam atraentes e chamem a atenção do consumidor, despertando nele a necessidade de consumo, é somente após o uso que se pode garantir ou não a satisfação. Aplicando o mesmo raciocínio ao produto 'pessoa', isso significaria que você pode convencer o mercado a comprar suas ideias e serviços, mas é somente por meio da ação que poderá comprovar valor, credibilidade e confiabilidade.

Quando tratamos de assuntos próprios do ser humano, não há como deixar de considerar novamente a ética. O marketing pessoal é uma ferramenta muito eficaz, que organiza uma imagem para ser apresentada de acordo com o contexto e as necessidades do mercado consumidor. Essa imagem pode transmitir tanto verdades quanto mentiras — tudo depende das escolhas que fazemos. Se você vender uma imagem que não corresponde à realidade, seu *caráter* será questionado.

Considerando todos esses pontos, é importante pensar um pouco mais na 'embalagem', pois a aparência é um dos diversos aspectos do marketing pessoal, e ela deve ser cuidada, pois expressa o autoconceito. O zelo que tem com você mesmo, seu corpo, sua saúde (física e mental) e suas roupas refletem o nível de autoestima e de adequação ao grupo que pertence.

PARA FIXAR

Caráter: são os traços pessoais pelos quais nos valorizamos e pelos quais buscamos que os outros nos valorizem.

Theodoro, 2004

É o momento de pensar em como quer ser visto e traduzir isso, inclusive em sua maneira de vestir, de falar e de comportar-se quando em contato com os outros. Essa aparência deve, portanto, estar em consonância com o que você é (produto você) e com o contexto, ou, se preferir, o 'mercado consumidor' que pretende atingir.

Nesse ponto, é interessante que procure se apresentar de maneira coerente com o ambiente social, o clima e, na medida do possível, com as tendências da moda. Discutir etiqueta e as tendências da moda atual não é o objetivo deste capítulo, mas cabe a recomendação de que você busque se informar sobre esses assuntos.

4.4.3. Pesquisa

A pesquisa é uma importante ferramenta do processo de marketing pessoal, pois auxilia e interfere em quase todos os itens necessários para criar sua marca pessoal.

A busca de informações e dados dará consistência às suas ações e é, portanto, uma ferramenta estratégica que evita a tomada de decisão precipitada e as falhas. Esse cuidado reflete nos resultados de qualquer projeto, e isso também se aplica ao marketing pessoal.

É por meio da pesquisa que se define o público de interesse, ou seja, em quem suas ações deverão ser focadas, por isso, descobrir o que ele deseja pode ser um diferencial.

Direcionar essa pesquisa para a busca de oportunidades no mercado significa identificar, por exemplo, os segmentos empresariais que se destacam, o tipo de empresa que pertence a esses segmentos, quais são as empresas e onde elas se localizam. Indo um pouco além, procurar conhecer sua cultura, seus valores e objetivos; assim, sua aproximação pode ser mais direcionada e, no caso de um contato, haverá mais empatia, consistência e compatibilidade de expectativas, trazendo ganhos duradouros para ambos.

Outra forma de adequar sua postura e divulgação ao mercado é o *benchmarking*. Transpondo esse conceito às pessoas, fazer *benchmarking* significa observar o comportamento de profissionais que você admira e que têm destaque no segmento em que atuam, verificar que características ou habilidades as tornam especiais e conhecer sua história de desenvolvimento. Esse conhecimento pode ajudá-lo a mapear algumas características e competências que já possui e a orientar seu desenvolvimento futuro.

Não há marketing pessoal se você não reconhecer a importância da mudança, e a prática do *benchmarking* é reconhecer que, hoje, somente conquista um espaço de destaque quem adota a postura de melhoria contínua, quem pressupõe que sempre há algo a aprender com os outros. De qualquer forma, *benchmarking* não é sinônimo de ser igual ao outro — procure ser melhor, sempre.

> **PARA FIXAR**
>
> *Benchmarking*: trata-se de um processo de comparação entre produtos, serviços e práticas gerenciais dos melhores, sejam os concorrentes mais fortes, sejam as empresas conhecidas como líderes.

QUADRO ILUSTRATIVO

Benchmarking

Veja o *benchmarking* como:	**Não encare o *benchmarking* como:**
Um processo contínuo	Um evento único, esporádico
Um processo de melhoria contínua, no qual você busca ser melhor	Imitação, 'falsificação'
Uma atividade que requer esforço, dedicação e disciplina	Fácil e rápido

4.4.4. Divulgação

Retomando o paralelo com o marketing tradicional, vamos fazer uma ponderação: de nada vale um bom planejamento se não for criado um produto eficaz e que apresente qualidade coerente com a embalagem. Também é inútil esforçar-se para produzir 'o melhor do melhor' se não houver para quem ofertá-lo. E, ainda, se todos os cuidados com o produto e embalagem foram tomados e existe um público para quem oferecer, ainda falta fazer com que o público saiba que esse produto existe, ou seja, a propaganda. Então, pensando em 'você' como 'produto', como fazer para que seu público-alvo o conheça? Vamos discutir um pouco essa questão.

Acreditar que somos autossuficientes, que não precisamos do outro, não nos garante vitórias. O mercado não acolhe o profissional somente por suas titulações ou qualificações técnico-científicas. É essencial desenvolver a habilidade de relacionamento interpessoal e ver o outro como parte de suas conquistas.

Também é importante reconhecer que, no mercado atual, a maioria das oportunidades pode ser gerada por meio de indicação. Essa informação pode ser constatada tanto em oportunidades internas (ser indicado para promoção ou para um projeto importante na empresa em que atua), quanto em oportunidades de negócios (como prestador de serviços) ou de trabalho. Portanto, preocupe-se em criar uma rede diversificada de contatos, ou *network*.

Desenvolver uma *network* eficiente pode ser uma forma de melhorar a visibilidade, criar oportunidades de mostrar quem você é a seus pares, chefes e prováveis clientes. Mas *networking* não significa somente procurar contatos com pessoas 'ilustres' ou importantes para sua carreira ou negócios, significa ser coerente no tratamento dado às pessoas de maneira geral. Esse cuidado deve incluir amigos, parentes, vizinhos, enfim, todas as pessoas com quem tem contato no cotidiano, pois esses relacionamentos podem ser fundamentais tanto em momentos positivos quanto em momentos adversos.

Outro ponto a ser considerado é a expansão da rede de relacionamentos. Você já percebeu que, em geral, as pessoas procuram aproximar-se de quem é

PARA FIXAR

Network/networking: palavra do inglês que significa rede de contatos; pode ser aplicada ao marketing pessoal para referir-se à rede de relacionamentos interpessoais tanto no âmbito profissional quanto no pessoal. Portanto, *networking* significa agir no desenvolvimento e manutenção dessa rede.

semelhante a elas? Esse é um comportamento comum, pois geralmente buscamos permanecer em uma *zona de conforto*, na qual nos sentimos seguros por conhecer o ambiente e as pessoas que nos cercam. No entanto, para a aplicação eficiente do marketing pessoal, é essencial aprender a estabelecer contatos, inclusive com quem é diferente de você. Expandir sua *network* cria novas oportunidades e fortalece sua empregabilidade, além de proporcionar um grande aprendizado, que é conviver com as diferenças. Se você não tem esse hábito, procure desenvolvê-lo, estabelecendo novas conexões.

Há várias maneiras de fazer *networking*, buscando conhecer e ser conhecido por pessoas em diferentes momentos e contextos, como:

- participação em cursos, reuniões, eventos sociais formais ou informais;
- apresentação de trabalhos na empresa, congressos e reuniões;
- participação em comunidades e grupos de discussões (presenciais ou virtuais);
- utilização de bancos de dados, como cadastros de empresas, *mailings* e listas.

Os contatos iniciais podem, portanto, ser realizados face a face ou por meio de telefonemas, e-mails e documentos escritos. Se você pensar um pouco, perceberá que conhece pessoas diferentes quase todos os dias. O fato é que, para transformar esses novos contatos em uma *network*, você deve se apresentar tomando todos os cuidados necessários com a imagem que vai passar.

Porém, mais importante e difícil que criar uma rede de contatos é cultivar o relacionamento com as pessoas. Cultivo significa cuidado, troca, manutenção de condições favoráveis para o desenvolvimento; nesse caso, de relações confiáveis e duradouras. Para manter a sua *network* ativa, não se limite a ter uma agenda bem organizada, um grande número de cartões de visitas ou lista de e-mails. Ter uma sólida conexão com as pessoas exige a adoção da *networking* como atitude; pense, a todo o momento, que as pessoas que você conhece são especiais e devem ser tratadas como tal.

Nesse sentido, não é aconselhável ligar para uma pessoa somente quando precisa dela, mas também quando pode oferecer ajuda. Gestos simples como anotar a data do aniversário e enviar um e-mail, agradecer a ajuda que recebeu, parabenizar e elogiar sinceramente as pessoas que fazem parte da sua rede sempre que alcançarem seus objetivos ou pelo sucesso profissional são atitudes que podem fazer a diferença.

Enfim, no que se refere ao marketing pessoal, a melhor propaganda que se pode obter é feita pelas pessoas que o conhecem, que sabem de suas competências, que já presenciaram seu desempenho e, sobretudo, que aprovam sua postura. Então, não há investimento mais produtivo do que cuidar para que as pessoas falem bem de você.

FIQUE DE OLHO

Em uma pesquisa desenvolvida em 2004, Argolo e Araújo afirmam que "a situação de desemprego causa deterioração do bem-estar psicológico". Um dos resultados dessa pesquisa indica que o sentimento de apoio social influencia a reação emocional dos desempregados e que as fontes principais de apoio social do público estudado são as relações familiares (apoio emocional e material da família) e fraternas (apoio material de amigos).

ABRE ASPAS

Só querer se relacionar com aqueles que se aprovam em tudo é quimérico, e é o próprio fanatismo.

Alain, *Considerações II*

> ### QUADRO ILUSTRATIVO
>
> **Como melhorar a rede de relacionamentos**
>
> *Não se acomode. Conhecer gente é fundamental para a carreira.* Aqui vão algumas dicas para você continuar melhorando a rede de relacionamentos:
>
> - **Amplie seus horizontes.** Não se atenha às pessoas de sua atividade profissional ou de sua área. Trave conhecimento com profissionais dos mais diversos setores, em todos os níveis hierárquicos.
> - **Defina seus objetivos.** As pessoas de sua rede podem ser ecléticas, porém seus objetivos precisam ser bem definidos, até mesmo para que você possa ser ajudado. Peça orientação, faça contatos, solicite carta de apresentação, mas sempre voltados para seus interesses específicos.
> - **Seja paciente.** Não pressione as pessoas para obter informações ou ajuda. Afinal, pode levar meses até que uma indicação traga resultados.
> - **Vá aos eventos sozinho.** Já está comprovado que quem frequenta os lugares sozinho conhece mais gente do que aquele que vai acompanhado.
> - **Formule sua apresentação de 15 segundos.** Quando alguém lhe perguntar 'o que você faz?' ou 'por que você veio hoje?', saiba o que responder em não mais do que 15 segundos.
> - **Retribua sempre.** Ou melhor, dê até mesmo antes de receber. Ofereça ajuda a quem pode lhe ajudar. Se souber de informação que interesse a alguém de sua *network*, avise. Assim, você sempre será lembrado.
> - **Faça acompanhamento.** Se você recebeu uma indicação, agradeça, mesmo antes de saber se vai dar certo ou não. Mantenha contato constante, mesmo que seja para dizer 'oi' pelo MSN ou Skype.
>
> Adaptado de: SPERA, Cristina. "Como melhorar a rede de relacionamentos", 2004. Disponível em: <http://www.empregabrasil.org.br/lp/bumeram_com.html.>. Acesso em: 14 nov. 2008.

4.4.5. Marca pessoal

Faça um exercício de memória e liste as dez primeiras marcas de produtos ou serviços que lhe vêm à cabeça. Com certeza, citará marcas de produtos ou serviços que já utilizou e aprovou ou que pretende consumir por sua imagem positiva. No sentido mercadológico, uma marca tem valor quando é associada a boa qualidade e confiabilidade, por oferecer bons produtos e serviços. Geralmente, essas marcas também são associadas a um bom *slogan*, frases fáceis de lembrar, como 'Paixão por voar e servir' ou '*Faz* um 21'.

Com o marketing pessoal não é diferente. Trata-se de desenvolver uma imagem forte, que seja considerada positiva e, especialmente, associada a qualidades e competências importantes e necessárias em determinado momento. Essa será sua marca pessoal.

Nesse sentido, é importante saber que marca está divulgando. Responder a essa questão remete à importância da percepção que as pessoas têm de você. Quantas vezes você já se perguntou como os outros o veem? Será que a ideia que o outro faz de você corresponde àquilo que você realmente é?

Fique atento ao seu comportamento durante reuniões, no dia a dia do trabalho, em eventos sociais ou simplesmente durante uma conversa ao telefone, pois tudo o que você faz e diz cria impressões que constroem sua marca pessoal.

> **PARA FIXAR**
>
> Marca pessoal: firmar-se com identidade própria, marcante.
>
> Theodoro, 2004

Pois bem, o mundo está aí, exigindo cada vez mais de você, de sua postura pessoal e profissional, e coloca alguns 'modelos' e padrões aceitáveis. Mas como você pode se destacar em meio a uma multidão se for igual a todos os outros?

É importante refletir novamente sobre sua essência e seus valores. Uma imagem só se transforma em marca se for constante, coerente com as ações e comportamentos.

Por exemplo: se você considera a solidariedade um valor importante, mas em suas ações ninguém consegue 'enxergar' essa solidariedade, dificilmente as pessoas farão associações ou o considerarão uma pessoa solidária. Ou seja, se quer ser de fato lembrado como uma pessoa solidária, demonstre isso em suas ações no dia a dia. Ter boas intenções não basta — é preciso que isso se reflita em suas ações.

Concluindo, você não nasce com uma marca pessoal; você constrói sua marca por meio de um processo de diferenciação. Não basta ser diferente dos concorrentes; é preciso ser exclusivo, pioneiro, indispensável e, além de tudo, verdadeiro e coerente com sua natureza. Dessa forma, você será conhecido e lembrado.

Resumo

- O cenário do mundo contemporâneo está delimitado por mudanças constantes e regras de como obter sucesso. Embora o sucesso não dependa exclusivamente das pessoas, elas são as principais responsáveis.
- A eficácia do marketing pessoal depende do reconhecimento de seus valores, suas crenças, sua ética e sua marca pessoal.
- Quando aplicamos os conceitos de marketing às pessoas, de modo que elas se tornem um 'produto' desejado pelo mercado consumidor, temos a ferramenta conhecida como marketing pessoal.
- O marketing pessoal é uma ferramenta que usa estratégias de marketing para projetar uma imagem correspondente ao autoconceito de uma pessoa.
- O marketing pessoal é importante nas esferas pessoal e profissional. Sua importância reside em colocar as pessoas em destaque, expressando um conjunto de habilidades importantes ao mercado consumidor e que, ao mesmo tempo, fortaleça e expresse o autoconceito.
- Para a composição do 'produto você', algumas competências são importantes, tais como: de flexibilidade, criatividade e inovação, envolvimento e comprometimento.
- A aparência é apenas um dos diversos aspectos que compõem o marketing pessoal e deve valorizar o profissional, porém não substitui a necessidade de ter qualidades e de ser confiável.
- O componente pesquisa (*benchmarking*) oferece uma visão de como conhecer as empresas ou pessoas e suas necessidades e pode facilitar a aproximação e a venda de ideias e serviços.
- *Network*: são contatos pessoais e profissionais que se desenvolvem no dia a dia e que formam uma rede, fundamental na aproximação a pessoas-chave em relação aos nossos objetivos. Porém, para gerar resultados, a *network* deve ser desenvolvida e mantida ativa, o que demanda cuidado e atenção.
- As pessoas não nascem com uma marca pessoal; constroem sua marca por meio de um processo de diferenciação. Não basta ser diferente dos concorrentes; é preciso ser exclusivo, pioneiro e indispensável, além de verdadeiro e coerente com sua natureza (essência).

REFERÊNCIAS

ARGOLO, João Carlos Tenório; ARAÚJO, Maria Arlete Duarte. *Revista de Administração Contemporânea*, v. 8, n. 4, out.-dez. 2004, p. 161-182.

FERREIRA, Aurélio Buarque de Holanda. *Miniaurélio: o minidicionário da língua portuguesa*. 6. ed. Curitiba: Posigraf, 2004.

GRATELOUP, Léon-Louis. *Dicionário filosófico de citações*. Trad. Marina Appenzeller. São Paulo: Martins Fontes, 2004.

KOTLER, Philip; KELLER, Kelvin Lane. *Administração de marketing*. 12. ed. São Paulo: Pearson Prentice Hall, 2006.

PORTO, Juliana Barreiros; TAMAYO, Álvaro. "Valores organizacionais e civismo nas organizações". *Revista de Administração Contemporânea*, v. 9, n. 1, jan.-mar. 2005, p. 35-52.

RIZZO, Cláudio. *Marketing pessoal no contexto pós-moderno*. São Paulo: Trevisan Editora Universitária, 2006.

TAMAYO, Natasha; ABBAD, Gardênia da Silva. "Autoconceito profissional e suporte à transferência e impacto no treinamento no trabalho". *Revista de Administração Contemporânea*, v. 10, n. 3, jul.-set. 2006, p. 9-28.

TEIXEIRA, Maria Luísa Mendes; POPADIUK, Silvio. "Confiança e desenvolvimento de capital intelectual: o que os empregados esperam dos seus líderes". *Revista de Administração Contemporânea,* v. 7, n. 2, abr.-jun. 2003, p. 73-92.

THEODORO, Marlene. *A era do Eu S.A.: em busca da imagem profissional de sucesso*. São Paulo: Saraiva, 2004.

UVALDO, Maria da Conceição Coropos. "O impacto das mudanças no mundo do trabalho sobre a subjetividade: em busca de um modelo de Orientação Profissional para adultos". Dissertação de Mestrado. Instituto de Psicologia da Universidade de São Paulo, 2002.

ATIVIDADES

Responda, resumidamente e com as próprias palavras, ao seguinte roteiro de estudo e fixação do conteúdo.

1. Qual o cenário contemporâneo no qual aplicamos o recurso marketing pessoal?
2. Para alcançar o sucesso, a pessoa depende exclusivamente dela? Justifique sua resposta.
3. O que é marketing?
4. O que é marketing pessoal?
5. Qual é a importância do marketing pessoal na esfera pessoal?
6. O que é autoconceito profissional?
7. Qual é a importância do marketing pessoal na empregabilidade?
8. É possível manter a autoimagem fortalecida em uma situação de desemprego? Como?
9. O que significa a frase: "Uma autoimagem adequada aumenta a confiança transmitida pelos indivíduos, seja a seus pares, seja a seus empregadores, favorecendo a empregabilidade"?

10. Você concorda que o principal desejo das pessoas é buscar poder, *status* e prazer?
11. Quais são os componentes do marketing que podem ser aplicados também ao marketing pessoal?
12. Cite e explique dois componentes do marketing pessoal.
13. Com relação ao item 'produto', quais foram os principais pontos abordados?
14. O que é flexibilidade como competência exigida pelo mercado atual?
15. Se você vender a imagem de um produto que não corresponde à realidade, seu caráter será questionado. Isso é verdadeiro ou falso? Por quê?
16. Quais fatores justificam a importância da pesquisa em marketing pessoal?

Faça as seguintes atividades para autodesenvolvimento:
1. Aplique as sugestões sobre como melhorar sua rede de relacionamentos.
2. Você tem uma marca pessoal? Anote em um papel como você acredita que as pessoas o percebem. Em seguida, peça a três colegas que resumam em frases curtas (com no máximo cinco palavras) como veem você. Depois, compare as respostas e discuta em grupos o porquê das divergências de percepções.
3. Você considera sua imagem profissional adequada? Quais são os elementos mais fortes da sua imagem profissional? Em quais aspectos precisa melhorar?

TEMA PARA REFLEXÃO E PRODUÇÃO DE TEXTO

"Em marketing pessoal, a aparência é importante, mas..."

A partir do fragmento acima, escreva uma redação, com no mínimo 20 linhas, fundamentada em aspectos abordados neste capítulo.

CAPÍTULO 5

COMUNICAÇÃO, ELABORAÇÃO E ACEITAÇÃO DE CRÍTICAS

Josiane C. Cintra
Yaeko Ozaki

OBJETIVOS DE APRENDIZAGEM

APÓS LER O TEXTO E PRATICAR AS ATIVIDADES PROPOSTAS, VOCÊ SERÁ CAPAZ DE:

- CONHECER OS PRINCIPAIS CONCEITOS RELATIVOS À COMUNICAÇÃO E A IMPORTÂNCIA DA COMUNICAÇÃO EM TODAS AS SUAS FORMAS.
- RECONHECER A IMPORTÂNCIA DAS CRÍTICAS NA MELHORIA DAS RELAÇÕES PESSOAIS E PROFISSIONAIS.
- CONHECER A DIFERENÇA ENTRE CRÍTICAS CONSTRUTIVAS E CRÍTICAS DESTRUTIVAS, BEM COMO OS EFEITOS PROVOCADOS POR ELAS.
- ELABORAR CRÍTICAS CONSTRUTIVAS, PROMOVENDO DESENVOLVIMENTO ÀS PESSOAS QUE AS RECEBEM.
- RECEBER CRÍTICAS COMO FONTE DE DESENVOLVIMENTO PESSOAL E PROFISSIONAL.

INTRODUÇÃO

Alguns autores, como David McClelland, Hackman e Oldhan, Locke e outros, citados por Robbins (2005), enfocaram a motivação humana e concluíram que as pessoas precisam ter objetivos, metas a atingir e também *feedback* em relação ao seu crescimento.

Portanto, o dar e receber *feedback* faz parte do cotidiano dos relacionamentos e pode servir como fonte de desenvolvimento pessoal e profissional.

Neste capítulo, vamos abordar conceitos importantes para compreender o processo de comunicação eficaz, especialmente a elaboração e aceitação de críticas, que estão relacionadas ao *feedback*. Vamos trazer e discutir informações (teóricas e práticas) e sugerir reflexões para que você possa melhorar sempre a sua habilidade de comunicação.

5.1 COMUNICAÇÃO

A comunicação pode parecer um tema esgotado, se partirmos do senso comum ou pensarmos apenas sob o ponto de vista da capacidade de comunicação que exercemos, de alguma forma, na vida cotidiana. Afinal, como somos todos seres humanos, temos essa capacidade desenvolvida num nível de sofisticação que nos diferencia de outros seres vivos.

Do ponto de vista do contínuo desenvolvimento humano que nos propomos atingir, talvez seja necessário ir um pouco além. Para isso, vamos, inicialmente, reforçar alguns conceitos que talvez já sejam de seu conhecimento.

Podemos conceituar comunicação como a capacidade de transmitir uma informação com a certeza de que o outro lado (interlocutor) entenda a mensagem (conteúdo, conceito) que estamos transmitindo e nos dê uma resposta. Portanto, para que haja comunicação efetiva, alguns elementos são necessários (veja a Figura 5.1).

De acordo com essa abordagem, o processo de comunicação de duas vias é o método pelo qual ocorre a comunicação e requer oito etapas:

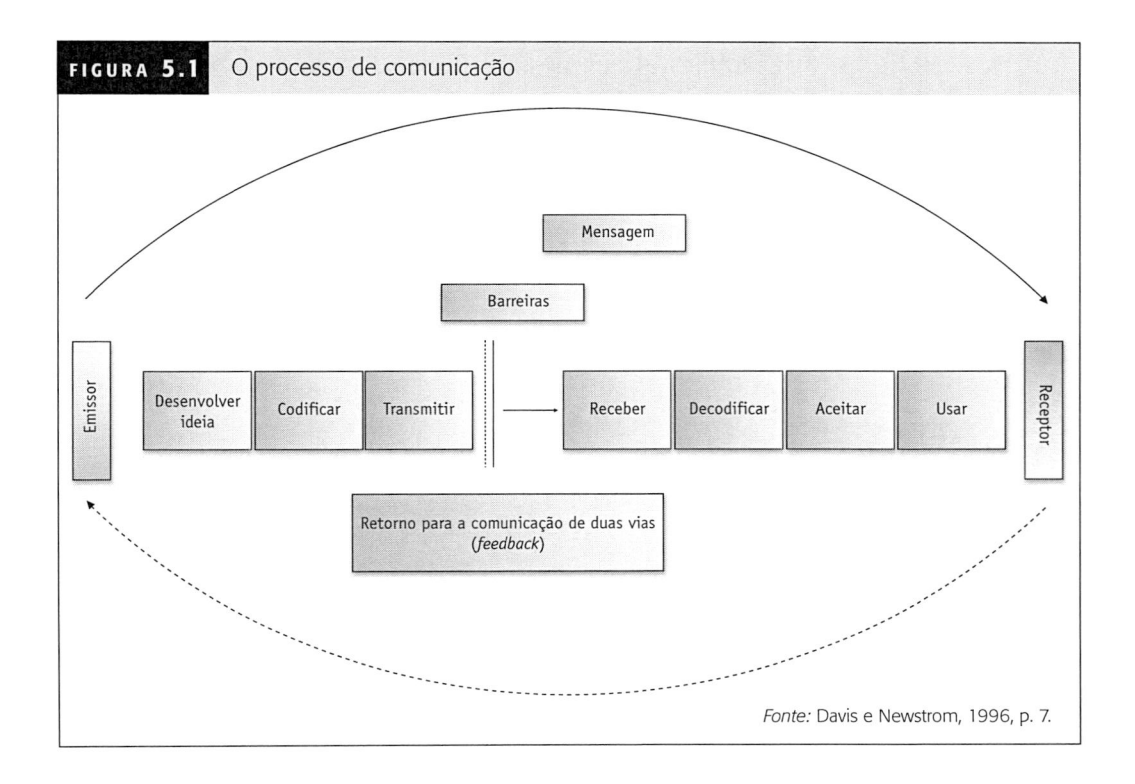

FIGURA 5.1 O processo de comunicação

Emissor → Desenvolver ideia → Codificar → Transmitir → [Barreiras] → Receber → Decodificar → Aceitar → Usar → Receptor

Mensagem

Retorno para a comunicação de duas vias (*feedback*)

Fonte: Davis e Newstrom, 1996, p. 7.

1. *Elaborar uma ideia*: é a etapa-chave e consiste em elaborar aquilo que se deseja transmitir. Para tanto, é necessário saber exatamente o que se quer transmitir.
2. *Codificar*: o emissor determina o método de transmissão para que a ideia seja organizada em palavras, mapas e outros símbolos adequados à transmissão.
3. *Transmitir*: escolher o método de transmissão (por exemplo: pessoalmente, por telefone, por meio eletrônico).
4. *Receber*: a forma de transmissão deve permitir que o receptor receba a mensagem.
5. *Decodificar*: o emissor espera que sua mensagem seja compreendida pelo receptor.
6. *Aceitar*: o emissor espera que sua mensagem seja aceita ou rejeitada pelo receptor.
7. *Usar*: refere-se ao uso da informação pelo receptor, ou seja, se o receptor captou e aceitou a mensagem, espera-se que ele demonstre isso pelo *feedback*.
8. *Dar feedback*: é a etapa em que o receptor recebe a mensagem e responde ao emissor. O *feedback* pode ser dado, também, por meio de uma mensagem falada, escrita, gestual ou de uma ação.

Também devemos considerar outro elemento, como eventuais ruídos ou interferências, ou seja, fatores que possam causar distorção na mensagem ou dificuldade em algum ponto do processo de comunicação, desde a elaboração da mensagem pelo emissor, o meio utilizado, até a dificuldade de recebimento pelo receptor e sua resposta.

ESTUDO DE CASO

Numa cidadezinha pequena do interior... O forró tava comendo solto! A moça preparou-se toda para ir ao baile, que era o único evento na cidade depois de muito tempo. Esperava encontrar o seu príncipe encantado no tal baile. Lá chegando, um rapaz franzino, meio desengonçado, que transpirava muito, aproximou-se dela e convidou-a para dançar.

Ela não achou o rapaz muito interessante, porém, para não arrumar confusão, pois na cidade isso era considerado indelicado, acabou aceitando. Mas o rapaz realmente suava tanto, mas tanto, que ela, já não suportando mais, disse:

— Você sua, hein?

Diante disso, o rapaz sorriu, apertou-a com força e respondeu:

— Também vô sê seu, minha princesa!

Texto adaptado, de autor desconhecido, recebido por e-mail.

O causo mostra como a comunicação no dia a dia pode ser complicada! Para fazermos uma análise apenas parcial, havia uma questão de diferença de percepção (o que era interessante para a moça e para o rapaz). Além disso, havia uma dificuldade de interpretação das palavras, pois, apesar de falarmos o mesmo idioma — português —, dependendo da região e de questões culturais, existem muitas diferenças na forma de expressão e de significado. O caso ilustra um problema de comunicação, envolvendo vários aspectos importantes, que teoricamente chamamos de barreiras à comunicação.

Durante o processo de transmissão e recepção da mensagem, podem ocorrer barreiras, limitando a boa compreensão das mensagens. Segundo Davis e Newstrom (1996), essas barreiras podem ser:

- *de ordem pessoal* — são aquelas decorrentes das nossas emoções, valores e hábitos de escuta: distância psicológica entre as pessoas que se comunicam; percepção seletiva (entendemos aquilo que queremos entender);
- *barreiras físicas* — são as que ocorrem em decorrência do ambiente: barulho, distância física entre as pessoas que se comunicam;
- *barreiras semânticas* — que surgem das limitações dos símbolos (palavras, ações) que determinam os significados.

Considerando que podem ocorrer essas barreiras, é preciso elaborar, codificar e escolher da forma mais clara possível o meio de transmissão, para que o receptor receba e compreenda a comunicação adequadamente.

Perceba que os conceitos discutidos até aqui não passam obrigatoriamente pela fala, pois a comunicação pode ser feita pela palavra falada, mas também pela palavra escrita, por sinais ou gestos. Portanto, podemos incluir os conceitos de comunicação verbal e de comunicação não verbal.

A percepção de que podemos transmitir mensagens, mesmo sem falar ou escrever, é muito importante, pois pode ampliar a nossa habilidade de comunicação e nos dá a possibilidade de cuidar também da nossa comunicação não verbal.

Del Prette e Del Prette (2001) explicam que iniciar e encerrar uma conversação, fazer e responder perguntas, gratificar e elogiar, dar e receber *feedback* são algumas das principais habilidades de comunicação.

A *habilidade de fazer e responder perguntas* relaciona-se aos seguintes aspectos: entonação, volume da voz, expressão facial e gesticulação, pois podem dar diferentes funções a uma pergunta em situações de pedido, sugestão, ordem e intimidação. Quanto à forma, as perguntas podem ser abertas ou fechadas, difusas ou dirigidas.

Gratificar e elogiar possibilitam relacionamento social satisfatório e equilibrado. O elogio é positivo quando for percebido como sincero e pertinente, mas nunca deve ser utilizado no sentido de manipulação e bajulação.

PARA FIXAR

Comunicação verbal inclui a comunicação realizada pelo uso da palavra, seja verbalizada — através da fala ou da escrita —, por meio de cartas, relatórios ou e-mails. A comunicação verbal deve respeitar os parâmetros delineados pela linguagem (idioma, vocabulário), o objetivo (comunicação formal ou informal) e o meio pelo qual será transmitida. Por exemplo: é esperado que a mensagem transmitida pelo e-mail seja mais direta e sucinta do que a mensagem transmitida por um relatório.

Comunicação não verbal inclui posturas, gestos, expressões faciais e movimentos corporais. Ela complementa, ilustra, regula, substitui e, algumas vezes, opõe-se à verbal. Porém, assume diferentes significados em razão do contexto verbal e situacional em que ocorre. Refere-se à ação. Por exemplo: um aperto de mão, um tapinha nas costas, um abraço, um sorriso.

Del Prette e Del Prette, 2001

TIPOS DE PERGUNTA

As **perguntas abertas** são aquelas que não podem ser respondidas com sim ou não, que tendem a gerar uma quantidade maior de informações e cujas respostas tendem a ser mais elaboradas. Exemplo: Qual a sua expectativa em relação à sua carreira?

As **perguntas fechadas** buscam respostas mais objetivas e precisas. Exemplo: Você tem objetivos de carreira definidos?

As **perguntas difusas** são aquelas lançadas a um grupo, e qualquer pessoa pode responder; estimulam apenas as pessoas com maior prontidão e agilidade verbal. Exemplo: Quem de vocês pode dar uma sugestão para esse caso?

As **perguntas dirigidas** são feitas especialmente a uma pessoa e permitem a seleção da fonte de informação desejada. Exemplo: (pergunta dirigida ao Presidente Lula) Vossa Excelência acredita que o Brasil alcançará todos os 8 objetivos do milênio até 2015?

PARA FIXAR

Rudio (1991) sugere que os relacionamentos são a fonte dos nossos sucessos ou fracassos e giram em torno de três pontos principais:

O *estar-com-o-outro*, que envolve a acolhida, a valorização da presença do outro e o sintonizar-se com o outro por meio da aceitação, do respeito e da compreensão.

O *receber-do-outro-o-que-se-espera*, que significa relacionar-se de forma a facilitar no outro a autoconfiança que o levará à independência na escolha e decisão, independentemente de ser o que os outros querem.

O *fazer-alguma-coisa-pelo-outro*, que está ligado à necessidade de cada um de nós de participar do mundo do outro, sem nada querer em troca, apenas por querer o bem dele.

Dar e receber feedback são habilidades que regulam nossos desempenhos e os das pessoas com as quais partilhamos nossa vida. São necessárias nos relacionamentos saudáveis e satisfatórios.

Se, como já vimos em outros capítulos, somos seres sociais, devemos cuidar de nossas relações interpessoais em todos os momentos, a fim de criar, manter e melhorar esses relacionamentos.

Se dar e receber *feedback* são processos fundamentais da vida em grupo e constituem uma partilha dos relacionamentos, certamente podemos entender a *comunicação* como componente dessa partilha.

Abordamos até agora o processo de comunicação em geral, os elementos necessários para a comunicação eficaz e sua importância para o relacionamento interpessoal. Vamos, então, focar uma aplicação específica e delicada da comunicação: quando se trata de elaborar e receber críticas. Para isso, vamos desmistificar as críticas.

Faça um exercício de memória. Tente lembrar-se de quando você era criança, das coisas que fazia que seus pais aprovavam e que talvez lhe tenham proporcionado elogios, premiações ou um simples sorriso de aprovação. Pense também naquelas ações mais desaprovadas, aquelas que talvez tenham rendido broncas e palmadas ou simplesmente um olhar fulminante.

Pense agora em como você seria hoje se ninguém nunca lhe tivesse mostrado os comportamentos que são adequados, aceitos e produtivos e aqueles que você deveria rever.

Pois bem, estamos falando de educação, de crescimento e amadurecimento. Estamos falando de *feedback*. E essa forma de comunicação que ajuda as pessoas a entenderem as expectativas umas das outras, a mostrar e discutir percepções, sempre existiu. Independentemente de ser feito e recebido da forma mais produtiva, o *feedback* tem uma força muito grande na formação de quem somos.

5.2 CONCEITO DE CRÍTICA OU *FEEDBACK*

Conceitualmente, podemos entender que o *feedback* "é uma forma de comunicação pela qual o receptor da mensagem original transmite ao emissor a maneira como ela foi recebida. Em consequência, a pessoa saberá o efeito de seu comportamento sobre os outros" (Rampersad, 2004, p. 267).

Essa comunicação poderá levar à correção dos comportamentos inadequados. Então, o *feedback* pode ser considerado um processo de aprendizado. Oferecer *feedback* pode ser um fator que alavanca a motivação interna para o desenvolvimento pessoal, desde que o emissor (a pessoa que faz a crítica) saiba realmente fazer a crítica, e o receptor (a pessoa que recebe a crítica) esteja aberto a recebê-la como algo construtivo.

Considerando que os pilares do conhecimento, segundo a Unesco (Organização das Nações Unidas para a Ciência, Educação e Cultura), para o século XXI, são: aprender a conhecer (buscar conhecimentos), aprender a fazer (praticar), aprender a ser (buscar a qualidade pessoal) e aprender a conviver (relacionar-se), dar e receber *feedback*, isto é, saber fazer uma crítica construtiva e saber receber uma crítica fortalecem os pilares do nosso conhecimento. Isso significa uma relação de ajuda e de diálogo, que pressupõe reciprocidade.

Trazendo a questão para as relações de trabalho, Di Stéfano (2005) menciona que o mundo empresarial se apropriou de um conceito das teorias de comunicação, o *feedback*, para referir-se à elaboração de críticas, e muito se tem falado sobre sua importância como *ferramenta* de gestão de pessoas, especialmente em sua aplicação mais formal, como na *avaliação de desempenho*. Porém, pouco se tem discutido e trabalhado em torno de como fazê-la e recebê-la de forma produtiva. Esse desencontro tem resultado numa distorção na aplicação do termo, que, em alguns momentos, torna-se sinônimo de *bronca* ou até motivo de piada. Você já pode ter ouvido alguém dizer para um colega: "Fulano, acho que andou fazendo alguma coisa errada, porque o chefe disse que quer lhe dar um *feedback*", ou ter visto um colega nervoso porque: "Ai, hoje é dia de avaliação, vou *levar* um *feedback*".

Nesse sentido, é preciso reconhecer que a percepção de que a crítica é negativa pode ter sua razão de existir em função de que o *feedback* mal elaborado é comum no dia a dia (quem nunca recebeu uma crítica destrutiva?). Entretanto, não é produtivo generalizar. Pensar que *toda* crítica é, necessariamente, negativa pode dificultar a comunicação e afastar oportunidades de rever comportamentos e atitudes.

Pensando em como os efeitos das críticas podem ser poderosos, tanto de forma positiva como negativa, vamos focar no que pretendemos desenvolver, ou seja, na habilidade de elaborar e receber críticas de forma construtiva.

> **PARA REFLEXÃO**
>
> Mussak (2007) escreveu um artigo muito interessante sobre *feedback*, do qual destacamos alguns trechos:
> Certa vez, uma amiga me confidenciou: "Eu não entendia por que não conseguia fazer amigos no colégio, até que uma menina me disse que ninguém me aguentava porque eu só falava de mim mesma o tempo todo". Pronto. O *feedback* da colega salvou essa pobre moça de se transformar em uma eremita social. Ela simplesmente não reconhecia seu comportamento desagregador. Após a colocação sincera da amiga, iniciou voluntariamente um processo de melhoria de suas relações.

| QUADRO 5.1 | O poder das críticas |

CRÍTICA CONSTRUTIVA	CRÍTICA DESTRUTIVA
Fazer crítica construtiva significa redirecionar e contribuir na correção de comportamentos inadequados, bem como cumprimentar alguém por apresentar comportamentos adequados.	Fazer crítica destrutiva significa apontar erros, buscar culpados e desqualificar as pessoas. Ou, ainda, salientar os equívocos e desempenhos ruins e não reconhecer acertos nem fazer elogios a comportamentos adequados.
Fazer crítica construtiva representa a aprovação, a confirmação de uma atitude. O receber a crítica construtiva representa a abertura, a acolhida, a aceitação.	Fazer crítica destrutiva representa a desaprovação, a negação de uma atitude. O receber a crítica destrutiva representa ter que se defender ou submeter-se à opinião do outro (em oposição à sua).
O fazer e o receber *feedback* numa postura construtiva podem contribuir para o desenvolvimento pessoal e profissional, fortalecendo os relacionamentos, tornando-nos pessoas de qualidade, criando um movimento de reciprocidade.	O fazer e o receber *feedback* numa postura destrutiva podem obstruir o desenvolvimento pessoal e profissional, enfraquecendo os relacionamentos, tornando-nos pessoas submissas ou rancorosas, criando movimento de disputa e jogo de poder em que somente uma das partes pode vencer.

PARA REFLEXÃO

Silva, gerente de departamento de uma grande empresa, está com dois problemas: deve demitir um funcionário que não está rendendo o suficiente e deve tentar reter outro, excelente, que pediu desligamento.

Ao primeiro, ele diz: "João, você está conosco há 12 meses, mas até agora não mostrou a competência que esperávamos de você. Por isso, a empresa está dispensando seus serviços. Lamento". E ouviu como resposta: "Mas, chefe, há um ano estou fazendo a mesma coisa e ninguém nunca me orientou que deveria fazer diferente. Por que vocês não me alertaram antes?".

Ao segundo, pede: "Carlos, gostaria que você reconsiderasse sua saída da empresa. Você está conosco há dois anos, estamos muito satisfeitos com você e estamos pensando, inclusive, em promovê-lo. Por que você quer sair?". E foi obrigado a escutar: "Porque recebi uma proposta melhor de outra empresa que ouviu falar de mim e ficou interessada. Eu até achei que não faria falta por aqui, pois nunca senti que meu trabalho fosse valorizado".

São duas situações fictícias, mas com fortes componentes de realidade. Coisas parecidas acontecem todos os dias. João está sendo dispensado e Carlos está querendo sair exatamente pelo mesmo motivo: não receberam *feedback* do chefe enquanto trabalhavam na empresa.

Mussak, 2007

5.2.1 A crítica construtiva

A crítica construtiva pode ter como finalidades:

- construir algo: quando a crítica é benfeita, torna-se uma oportunidade de crescimento, tanto para quem a faz como para quem a recebe;
- partilhar informações, sentimentos e percepções;
- reduzir falhas na comunicação;
- desbloquear receios e medos, aliviando tensões;
- facilitar a superação de conflitos;
- reorganizar um problema, encarando-o por um outro ângulo;
- melhorar o desempenho de alguém;
- transformar crenças e valores que orientam o relacionamento;
- promover a confiança nos relacionamentos;
- melhorar a motivação, o prestígio, a autoestima;
- desenvolver o autoconhecimento e o conhecimento do outro.

Elogiar é um pré-requisito essencial na crítica construtiva: as pessoas sempre se lembrarão dos elogios que foram entendidos como sinceros e construtivos. É importante elogiar as pessoas dentro do contexto em que elas se encontram, baseando-se naquilo que é importante para elas.

Planejamento da crítica construtiva

Planejar a crítica com antecedência e cuidado é tomar uma decisão consciente. A chave para o sucesso no processo de criticar é dar informações para a pessoa criticada usá-la em seu próprio benefício.

Portanto, cuide da comunicação: O QUE VAI DIZER (os fatos observados, os efeitos, as sugestões de melhoria) e COMO VAI DIZER (o tom de voz, o ritmo, a expressão do rosto, o olhar e os gestos).

Atitudes básicas para fazer a crítica construtiva

1. Descubra a razão da crítica

A primeira pergunta que você deve fazer é: "Qual é a razão da minha crítica?".

Se houver um objetivo construtivo, para o desenvolvimento do receptor, você deve fazê-la. Por exemplo: para um profissional que não gosta de atender clientes, mas que em alguns momentos precisa fazer isso, é importante fazê-lo compreender que a empresa precisa desses clientes e que um bom atendimento trará benefícios à empresa, e a ele também, pois lhe dará a satisfação de ver o cliente satisfeito. Isso trará satisfação a todos: a ele, ao cliente e à empresa. Se seu objetivo for pessoal, não faça a crítica.

2. Comunique-se diretamente com a pessoa

Não faça comentários com outras pessoas, pois isso poderá ser compreendido como fofoca. Fale diretamente com o interessado, pois ele é o único que pode mudar o próprio comportamento; portanto, não há justificativa para que as dificuldades de alguém sejam expostas. Essa postura evita que se inicie um círculo de informações distorcidas (ou fofoca), criando a situação incômoda na qual o maior interessado é o último a saber.

3. Seja específico

Refira-se a fatos específicos, descrevendo exatamente o comportamento (aquilo que a pessoa fez). Por exemplo: "O relatório sobre as vendas apresenta erros nos cálculos". Evite generalizações, como: "Você não está interessado no trabalho", o que desqualificaria todas as outras atividades realizadas adequadamente.

É importante saber *diferenciar* o que é *comportamento* e o que é *pessoa*. Você pode condenar o comportamento, mas *nunca* faça julgamentos sobre a pessoa.

Analise as duas colocações a seguir.

a) "Você não está interessado no trabalho, por isso apresentou o relatório de vendas com erros nos cálculos."

b) "Eu fiquei muito constrangido na reunião diante dos erros observados pelo diretor administrativo no cálculo do relatório de vendas."

PARA REFLEXÃO

Em entrevista a Izidoro (2006), Paulo Gaudêncio, renomado psiquiatra e psicoterapeuta brasileiro, recebeu a seguinte questão: "Mas como falar para a pessoa que ela está errada sem causar mal-entendidos?". É preciso ter empatia. Eu só posso falar com o outro respeitando o que ele sente se eu souber sentir. Se eu não sei o que eu sinto, nunca vou saber o que o outro sente. O rei queria saber o futuro. Chamou o adivinho, que jogou os búzios e disse: "Oh, rei, desgraçado, todos os seus filhos vão morrer e cair como dentes podres da sua boca". Foi enforcado e substituído por outro adivinho que disse: "Oh, rei, ditoso, nenhum dos teus filhos vai chorar a sua morte". Eles disseram exatamente a mesma coisa: a verdade. O *feedback* é bom quando as duas pessoas saem da sala melhores do que entraram. *Feedback* é lidar com o fato, e não com a opinião. Em vez de dizer para uma pessoa que o relatório dela está ruim, por que não apontar as falhas, mostrar o caminho para que ela fique melhor?

Você percebe a diferença entre as duas colocações mencionadas? A primeira apresenta uma avaliação sobre a pessoa. "Você não está interessado no trabalho" é um julgamento de valor do ponto de vista do emissor, que poderá fazer com que o receptor se sinta ofendido, gerando nele sentimentos de agressividade e rejeição. A segunda colocação expressa o sentimento do emissor e pode quebrar a defesa do receptor, tornando-o receptivo à sua mensagem.

Isso quer dizer que, quando se inicia a frase com você, o receptor pode ativar seus mecanismos de defesa e contra-atacar. Quando você inicia a frase com eu, você está quebrando esses mecanismos de defesa, e o receptor estará aberto a ouvir o que você tem a expressar.

4. Descreva os fatos
Relate fielmente os fatos observados no comportamento da pessoa. Por exemplo: "No relatório de vendas, os itens x e y mostram informações incoerentes".

5. Assuma o próprio ponto de vista
A personalização do discurso, isto é, a capacidade de passar da forma impessoal para a pessoal, indica o grau de liberdade maior no relacionamento com o outro e significa assumir o próprio ponto de vista. Por exemplo, em vez de dizer: "A gente entendeu assim", dizer: "Eu entendi assim".

6. Observe a contingência
A crítica deve ser feita logo após a ocorrência do fato, para produzir efeitos positivos. Isso significa que não se deve deixar acumular vários eventos negativos para expressar a opinião, e sim tentar corrigir o mais rápido possível o comportamento que se julgou inadequado.

7. Faça referência aos efeitos
Após a descrição dos fatos, é importante citar os efeitos que o comportamento gerou. "Quando o diretor administrativo percebeu a falha no relatório, eu fiquei sem saber o que falar."

8. Crie um clima favorável
Espere pelo momento e pelo espaço adequados para melhor aproveitamento da crítica. O momento adequado é aquele em que as duas partes envolvidas estejam psicologicamente bem. O *feedback* deve ser realizado sem a presença de outras pessoas, para evitar desconfortos, e quando nem o emissor nem o receptor estiverem sob grande tensão emocional. Se a pessoa criticada reagir agressivamente, você deve manter o foco no comportamento futuro, evitando discussões.

9. Vá diretamente ao assunto
Se tiver de apontar algum comportamento inadequado (*feedback* negativo), vá direto ao assunto, evitando discutir temas periféricos, pois isso tende a criar ansiedade e angústia no receptor.

10. Escute compreensivamente

Ouvir é diferente de escutar. O ouvir refere-se ao sentido de perceber os sons. Escutar é perceber aquilo que ouvimos. Escutar compreensivamente significa ter a capacidade de receber e acolher o que o emissor está objetivando explicar e tentar compreender os significados ocultos, isto é, não somente o significado intelectual, mas os sentimentos experimentados pela pessoa que comunica. Ouça o que o receptor quer explicar. Quanto mais informações você puder coletar, maior a possibilidade de tomar decisões mais acertadas.

Para certificar-se de que escutou compreensivamente, exercite a paráfrase: com suas próprias palavras, verifique se realmente compreendeu. Por exemplo: "Você está dizendo que a sobrecarga de atividades não permite um melhor relacionamento com o cliente?".

11. Foque o objetivo a ser alcançado

Quando apresentar *feedback* positivo, foque o comportamento adequado, para que ele se repita no presente e no futuro.

Quando apresentar *feedback* negativo, não demonstre somente o comportamento inadequado, mas sugira também como o comportamento pode ser modificado, para que o comportamento adequado ocorra no presente e se repita no futuro.

12. Resuma ao final

Ao encerrar a crítica construtiva, faça um resumo e reflita sobre o que conversaram, para que tanto você como o receptor tenham compreendido as decisões finais. Sempre faça o fechamento de forma positiva, construtiva, séria e transparente.

PARA FIXAR

Salomé (1994) afirma que os níveis de escuta envolvem: nível dos fatos, nível do que é sentido ou vivenciado e repercussão ou ressonância.

O nível dos fatos envolve o que se passou e o que o outro viu. Por exemplo: "Quando cheguei à empresa, a requisição de compra já estava em minha mesa".

O nível do que é sentido ou vivenciado tem relação com os sentimentos e experiências vividos diante dos fatos. Exemplo: "Percebi que era urgente e no mesmo instante fiz a compra".

A repercussão ou ressonância refere-se ao modo positivo ou negativo de repercussão tanto na pessoa que dá como na que recebe o *feedback*. Exemplo: "Por saber que agi corretamente, estou satisfeito".

Atitudes básicas para receber a crítica

1. Escute compreensivamente

Algumas atitudes que facilitam a escuta compreensiva podem ser apontadas: aceitar o outro como um ser único, estimular e deixar o outro falar, estar sensível aos sentimentos e emoções que ele possui, clarificar esses sentimentos e emoções.

2. Aceite como crítica construtiva

Se for um *feedback* positivo, é sempre fácil aceitar. Se for um *feedback* negativo, a aceitação pode ser difícil, porém, convença-se de que o emissor não está contra você, mas que poderá ajudá-lo. Algumas posturas defensivas podem acontecer: sensação de ser invadido, receio de perder o controle, receio do desacordo, do conflito, medo do relacionamento sincero e medo de ser rejeitado.

Ouça sem contra-atacar. Não tente buscar justificativas, pois essa atitude poderá ser compreendida como uma postura defensiva.

Qualquer que seja o *feedback* recebido, é importante captar a mensagem que o outro tem a dizer, compreendê-la e aproveitá-la de forma construtiva.

PARA REFLEXÃO

Achar que o *feedback* serve para todos, exceto para você, é um dos maiores erros. Saber receber *feedback* é essencial. Trata-se de um exercício de humildade que vale a pena. Quem consegue aproveitar obtém um grande meio de aprendizado, além de uma ótima fonte de correção de rumo. Ver a mesma situação por um ponto de vista novo faz uma grande diferença. Ao receber um *feedback*, tente deixar de lado seu ego — que pode estar um tanto quanto frágil nesse momento — e perceba que não é tão complicado admitir deficiências. Muita gente reage agressivamente, negando a validade do que está sendo dito ou passando ao contra-ataque, ou seja, apontando os erros de quem dá o *feedback*. Essa nunca é a melhor saída. Um bom profissional sempre deve responder: "Obrigado, vou pensar sobre isso". E realmente pensar depois.

Adaptado de: GARCIA (2007)

ABRE ASPAS

Em recente entrevista a Corrêa (2008), o presidente da Korn Ferry no Brasil, Sergio Averbach, falou sobre a importância do *feedback* e recomendou que os candidatos a líder façam essa tarefa regularmente. "Buscar devolutivas é algo que precisa ser constante em qualquer carreira e em qualquer momento", diz. "Pouquíssimos profissionais nascem prontos para serem líderes. A maioria tem que se esforçar muito para desenvolver as habilidades certas. E isso passa por ter bom *feedback* sempre, seja do chefe, dos pares ou subordinados."

3. Faça perguntas ao emissor

Fazer perguntas contribui para a compreensão do *feedback* oferecido. Por exemplo: "Como você acha que poderia melhorar nesse aspecto?", ou ainda: "Você tem alguma sugestão para que eu possa fazer isso melhor?".

4. Agradeça ao emissor

Demonstre a atitude de quem reconhece o erro e se dispõe a aprender para acertar da próxima vez. Se for uma crítica menos construtiva, procure manter uma visão clara de seu valor pessoal, levando em conta o autoconhecimento e filtrando o que a crítica possa ter de verdadeira.

5. Solicite a crítica

O efeito positivo é maior quando o *feedback* é solicitado (veja a seção seguinte).

Solicitar a crítica

Considerando a dificuldade em receber *feedbacks* construtivos no dia a dia, alguns estudiosos do assunto propõem que o profissional interessado em seu desenvolvimento deve não só se preparar para receber críticas, mas antecipar-se a elas, buscando continuamente obter *feedback* de suas ações.

Essa proposta toma como base a ideia de que seja mais simples fazer pequenas correções de trajeto ao longo de um período do que rever todo um projeto ou vários pontos de sua atuação a cada seis meses ou um ano, como na avaliação formal de desempenho. Um exemplo ilustrativo: se você não conhece bem o caminho para chegar a determinado lugar, mas prefere não checar se está no caminho certo ou pedir informações a outras pessoas durante o trajeto, corre o risco de depois de muito andar descobrir que chegou a um lugar diferente do desejado.

Procure desenvolver essa prática:

- crie situações para que seus colegas e chefes falem sobre seu desempenho;
- faça perguntas indiretas, como: "Acredito que possa melhorar meu desempenho em apresentações, sendo mais objetivo, o que você acha disso?";
- peça opinião sobre seus trabalhos, cheque se as informações que dá são entendidas.

Quando a crítica é construtiva, tanto o emissor quanto o receptor se beneficiam desse processo de desenvolvimento.

5.2.2 A crítica destrutiva

Depois de todas essas considerações, você deve ter claro o conceito de crítica construtiva e estar convencido da necessidade de observar o próprio comportamento e de preparar-se adequadamente para elaborar e receber críticas de maneira construtiva. Mesmo assim, reforçamos alguns aspectos da crítica destrutiva:

- Fazer uma crítica destrutiva seria, simplesmente, negar todas as recomendações feitas até agora.
- Receber uma crítica destrutiva exige que você tenha controle de suas emoções e clareza sobre quem você é, ou seja, suas verdadeiras competências e pontos a desenvolver.

Em todos os capítulos deste livro foram discutidas as questões que envolvem a conduta ética nos relacionamentos. Pois bem, a *ética* também deve pautar o ato de fazer e o de receber críticas, no intuito de preservar os limites e o respeito aos direitos um do outro.

Os efeitos destrutivos da crítica podem ser gerados pela *humilhação* e pelo *assédio moral*.

Humilhação é "um sentimento de ser ofendido, menosprezado, rebaixado, inferiorizado, submetido, vexado, constrangido e ultrajado pelo outro. É sentir-se um ninguém, sem valor, inútil. Magoado, revoltado, perturbado, mortificado, traído, envergonhado, indignado e com raiva. A humilhação causa dor, tristeza e sofrimento" (Assédio moral no trabalho).

O conceito de **assédio moral** não é novo "e acontece em outras situações, além do trabalho, se inserindo no tópico mais geral dos valores morais e éticos das sociedades atuais e da violência nas relações sociais" (Maciel, Cavalcante, Matos e Rodrigues, 2007).

As referidas autoras citam algumas consequências provocadas pela exposição de uma pessoa ao assédio moral no trabalho: depressão, ansiedade, sociofobia, ataques de pânico, baixa autoestima e desordens psicossomáticas, como insônia, melancolia, apatia, falta de concentração, sudorese, tremores e outros sintomas comportamentais.

O assédio moral pode estar relacionado a questões de organizações do trabalho e relacionamento interpessoal, bem como a preconceitos e discriminações.

Devido aos efeitos destrutivos da crítica, quando você for fazer uma, é preciso planejá-la adequadamente, ser ético e responsável, como vimos nos tópicos anteriores.

Concluindo: se fazer e receber críticas positivas nos leva ao desenvolvimento pessoal e profissional, vamos incorporar esse processo ao nosso dia a dia? No relacionamento familiar, na escola, no trabalho, no lazer? Observe os efeitos da crítica positiva em você e nos outros: é positivo ou negativo? Exercite sempre a crítica construtiva para promover seu crescimento e o crescimento daqueles com quem convive.

> **ABRE ASPAS**
>
> Algumas das minhas experiências de comunicação com outras pessoas fizeram-me sentir maior, enriquecido e aceleraram meu próprio crescimento. Frequentemente, nessas experiências, percebi na outra pessoa reações semelhantes, que ela também se enriquecera, e que seu desenvolvimento e funcionamento haviam sido impulsionados.
>
> Carl Rogers, 1983, p. 4

> **ABRE ASPAS**
>
> Nós somos aquilo que fazemos repetidamente. Excelência, então, não é um modo de agir, mas um hábito.
>
> Aristóteles, 384-322 a.C.
> FILÓSOFO GREGO

Resumo

- Comunicação é a capacidade de transmitir uma informação com a certeza de que o outro lado (interlocutor) entenda a mensagem (conteúdo, conceito) que estamos transmitindo e nos dê uma resposta.
- Para que haja comunicação efetiva, alguns elementos são necessários. O emissor precisa elaborar uma ideia, codificar e transmitir a mensagem. O receptor precisa receber, decodificar, aceitar, usar e dar *feedback*.
- Durante o processo de transmissão e recepção da mensagem, podem ocorrer distorções, limitando sua boa compreensão. São as chamadas barreiras à comunicação.
- A comunicação pode ser feita por meio da palavra falada ou escrita (comunicação verbal), mas também por sinais ou gestos (comunicação não verbal). Essa percepção é importante para ampliar a habilidade de comunicação, cuidando também da comunicação não verbal.
- Iniciar e encerrar conversação, fazer e responder perguntas, gratificar e elogiar, dar e receber *feedback* são algumas das principais habilidades de comunicação.
- Somos seres sociais, devemos cuidar de nossas relações interpessoais em todos os momentos, a fim de criar, manter e melhorar esses relacionamentos. Certamente, podemos entender a comunicação como parte disso.
- Conceitualmente, o *feedback* "é uma forma de comunicação pela qual o receptor da mensagem original transmite ao emissor a maneira como ela foi recebida. Em consequência, a pessoa saberá o efeito de seu comportamento sobre os outros".
- Oferecer *feedback* pode ser um fator que alavanca a motivação interna para o desenvolvimento pessoal, desde que o emissor (a pessoa que faz a crítica) saiba realmente fazer a crítica e o receptor (a pessoa que a recebe) esteja aberto a recebê-la como algo construtivo.
- A crítica pode ser destrutiva quando as partes envolvidas (emissor e receptor) não estão preparadas para falar e ouvir, ou não estão preocupadas com os efeitos de seu comportamento, ou ainda quando a crítica em si não tenha objetivo de ajuda, crescimento e reciprocidade.
- Para fazer a crítica construtiva recomenda-se que o emissor descubra a razão de fazê-la, comunique-se diretamente com a pessoa, seja específico, descreva os fatos, assuma seu ponto de vista, observe a contingência, faça referência aos efeitos, crie um clima favorável, vá diretamente ao assunto, escute compreensivamente, foque o objetivo a ser alcançado, resuma ao final.
- Para receber a crítica de forma construtiva, recomenda-se que o emissor: escute compreensivamente, aceite-a como crítica construtiva, faça perguntas ao emissor, agradeça-lhe e, sempre que possível, solicite a crítica.
- A ética também deve pautar o ato de fazer e receber críticas, sob pena de, com críticas mal elaboradas e baseadas em objetivos escusos, gerar prejuízos não só para as relações interpessoais, mas sofrimento físico e mental a quem as recebe.

REFERÊNCIAS

ASSÉDIO MORAL NO TRABALHO: chega de humilhações. Disponível em: <http://www.assediomoral.org>. Acesso em: 29 set. 2008.

CORRÊA, Fabiana. "O bom feedback". *Você S/A*, São Paulo, n. 123, set. 2008.

DAVIS, Keith; NEWSTROM, John W. *Comportamento humano no trabalho: uma abordagem organizacional*. São Paulo: Pioneira, 1996.

DEL PRETTE, Almir; DEL PRETTE, Zilda A. P. *Psicologia das relações interpessoais: vivências para o trabalho em grupo*. Petrópolis: Vozes, 2001.

DI STÉFANO, Rhandi. *O líder coach: líderes criando líderes*. Rio de Janeiro: Qualitymark, 2005.

GARCIA, Luiz Fernando. "O feedback que saiu pela culatra". *Revista Melhor*, São Paulo, n. 239, out. 2007.

IZIDORO, Mariana. "Agressivo, sim". *Você S/A*, São Paulo, n. 100, out. 2006.
MACIEL, Regina Heloisa et al. "Auto-relato de situações constrangedoras no trabalho e assédio moral nos bancários: uma fotografia". *Psicologia Social*, Porto Alegre, v. 19, n. 3, 2007.
MUSSAK, E. "O valor do feedback". *Vida Simples*, São Paulo, n. 55, jul. 2007.
RAMPERSAD, Hubert K. *Scorecard para performance total: alinhando capital humano com estratégica e ética empresarial*. Rio de Janeiro: Elsevier, 2004.
ROBBINS, Stephen P. *Comportamento organizacional*. 11. ed. São Paulo: Prentice Hall, 2005, p. 132-179.
ROGERS, Carl. *Um jeito de ser*. São Paulo: EPU, 1983.
RUDIO, Franz Victor. *Compreensão humana e ajuda ao outro*. Petrópolis: Vozes, 1991.
SALOMÉ, Jacques. *Relação de ajuda: guia para acompanhamento psicológico de apoio pessoal, familiar e profissional*. Petrópolis: Vozes, 1994.

SAIBA MAIS

BEE, Roland; BEE, Francis. *Feedback*. São Paulo: Nobel, 2001.
FURNHAN, Adrian. *Linguagem corporal no trabalho*. São Paulo: Nobel, 2001.
HELLER, Robert. *Como se comunicar bem*. 3. ed. São Paulo: Publifolha, 2002.

ATIVIDADES

I. Questões para interpretação do capítulo

Responda às questões a seguir e, depois, reúna-se com seus colegas (1 ou 2) para discutir as respostas, tentando obter um consenso ao final.

1. Cite em quais aspectos a crítica construtiva promove melhoria nas relações profissionais e pessoais.
2. Quais as principais diferenças entre as críticas construtivas e as críticas destrutivas?
3. Descreva quais são as atitudes básicas para fazer a crítica construtiva.
4. Quais são os passos para o planejamento da crítica construtiva?

II. Reflexões para autodesenvolvimento

Responda às questões individualmente. Leia as respostas e refaça-as até estar satisfeito(a) com o resultado.

1. Quando alguém está falando comigo, eu permito que a pessoa se expresse da forma como quer e pensa?
2. Que características minhas podem ajudar alguém?
3. Que características minhas podem bloquear alguém?
4. De que modo eu sou capaz de demonstrar atitudes positivas para alguém?
5. Como eu exercito o respeito ao ser humano no relacionamento com minha família, no ambiente de trabalho, na escola, no trânsito, no contato com a natureza?

Em seguida, peça a uma ou duas pessoas de sua convivência que façam a mesma coisa respondendo às questões, ou seja, que deem um *feedback* sobre seu comportamento. Aproveite para aplicar a sua habilidade de receber críticas e visualizar possibilidades de desenvolvimento pessoal e profissional.

TEMA PARA REFLEXÃO E PRODUÇÃO DE TEXTO

Elabore um texto de aproximadamente 20 linhas sobre o tema: "A crítica construtiva promove desenvolvimento às pessoas que a recebem".

CAPÍTULO 6

CONVÍVIO SOCIAL: RESPEITO E EDUCAÇÃO

Karla Guimarães Monteiro

OBJETIVOS DE APRENDIZAGEM

Após ler o texto e praticar as atividades propostas, você será capaz de:

- Compreender o papel da educação no convívio social.
- Reconhecer a necessidade de aprender a ouvir e a respeitar o outro.
- Compreender o sentido das regras de etiqueta e a importância de utilizá-las.
- Descrever as etapas necessárias para adquirir ou desenvolver um comportamento socialmente eficaz.
- Refletir sobre sua habilidade de ouvir.

INTRODUÇÃO

Vivemos, paradoxalmente, em um momento cheio de oportunidades, de tecnologias que facilitam e agilizam as comunicações e que deveriam, portanto, aproximar os homens. Entretanto, o que está acontecendo é um distanciamento das relações humanas.

Há uma supervalorização da imagem, da aparência, um excesso de individualismo que faz com que a pessoa enxergue apenas a própria imagem no espelho, sem se dar conta de que ao agir assim sua vida fica limitada e ela perde a perspectiva do outro.

Precisamos refletir: aonde chegaremos se não alterarmos esse contexto? É necessário o resgate urgente do conceito de civilidade. Mas o que é civilidade?

> **PARA FIXAR**
>
> Civilidade (*Dicionário Larousse Cultural*) Sf1. (Do lat. *civilitas*, pelo fr. *civillité*) Observação das conveniências, das boas maneiras em sociedade, cortesia, urbanidade, polidez.

A civilidade, ou seja, as regras de convívio social que pressupõem bons modos e polidez no comportamento, surgiu quando o homem começou a ter consciência de si mesmo — descobriu que era um ser dotado de raciocínio e inteligência.

Viver em grupo exige regras, portanto, cuidado! Tem sempre alguém observando seu comportamento ou sua aparência; por esse motivo, ter consciência da importância das regras pode facilitar a vida em sociedade. Imagine uma sociedade sem regras ou normas. Seria o caos, pois a lei do mais forte tornaria a convivência impossível.

Inicialmente, a etiqueta ou os códigos de comportamento serviam para preservar a hierarquia e aumentar a distância entre ricos e pobres. Hoje, no entanto, ela existe para facilitar a vida em comunidade, tornar melhor o convívio entre as pessoas.

A abordagem que daremos a esse tema será sistêmica,[1] partindo do princípio do respeito mútuo e da educação.

6.1 A EDUCAÇÃO

O que vem à sua cabeça quando se fala em educação? Muitos responderiam: escola, conhecimento, informação. Correto. Mas educação não é só isso, pois, se assim fosse, viveríamos no ápice da educação, já que estamos em plena era da informação e do conhecimento, facilitados pela Internet.

Com o aumento da complexidade social surgiu também a necessidade de repensar a educação e os valores de cada sociedade. O homem precisa aprender a melhor maneira de portar-se, de conviver, de conduzir e de assumir seus próprios atos.

São grandes os desafios do convívio social, e um deles é aprender a conhecer seus medos, valores, emoções e potencialidades para, em seguida, aprender sobre o outro. O outro é uma pessoa tão interessante e importante quanto você.

Na Antiguidade, os povos preocupavam-se com a questão da educação e, assim como havia na Grécia o culto à beleza, um homem educado era um dos ideais da cultura daquela época, que nos deixou grandes ensinamentos, conforme o professor Carlos Rodrigues Brandão afirma em seu livro *O que é educação*: "Finalmente, os gregos ensinam o que hoje esquecemos. A educação do homem existe por toda parte e, muito mais do que a escola, é resultado da ação de todo meio sociocultural sobre seus participantes. É o exercício de viver e conviver o que educa".

A educação é fundamental para promover um convívio social harmônico, pois envolve aprendizagem, e a convivência em sociedade torna-se difícil quando não se reconhece a importância de aprender.

---

[1] O termo sistêmico é usado no sentido de global, abrangente.

Durante o desenvolvimento humano (da infância à adolescência) há uma fase em que queremos que as coisas e as pessoas sejam do nosso jeito, e não as aceitamos como elas são. Mas o que muita gente não entende é que essa deve ser apenas uma fase, não devendo se estender até a vida adulta.

É impossível falar em educação sem mencionar as aprendizagens pessoais. A educação passa por processos de aprendizagem, e não há aprendizagem se não houver mudanças efetivas no comportamento cada vez que o ambiente demandar novas respostas.

No entanto, a educação não se limita à aquisição de conhecimento, e esse conhecimento por si só não é a base de tudo. De nada vale o conhecimento se você o usar de forma inadequada ou não souber colocá-lo em prática nas diversas situações da vida pessoal e profissional.

Fora os instintos, os impulsos e os reflexos, tudo o mais você aprende de maneira formal (nas escolas, por exemplo) ou informal (com família, amigos, grupos sociais, cidades).

Um dos grandes desafios da convivência social é aprender a lidar com as diferenças e amenizar os conflitos para que a vida em sociedade seja algo mais prazeroso.

Há algumas coisas que parecem óbvias, mas que precisamos aprender, como, por exemplo, a dialogar e a ouvir, como veremos na sequência.

> **ABRE ASPAS**
>
> Quando o homem nasce, é fraco é flexível,
> Quando morre, é forte e rígido.
> A firmeza e a resistência
> São sinais de morte.
> A franqueza e a flexibilidade,
> Manifestações de vida.
>
> **Lao Tse,** *Tao T Ching*

PARA FIXAR

Você aprende quando observa suas próprias ações e reflete sobre elas em relação aos outros e a você mesmo.

6.1.1 Aprendendo a dialogar

Durante um bate-papo, lembre-se de perguntar algo ao seu interlocutor, mesmo que seja uma conversa informativa, em que você esteja descrevendo seu novo emprego ou uma viagem.

FIQUE DE OLHO

A revista *Você S/A* promoveu uma pesquisa para descobrir os motivos das demissões de pessoas com empregabilidade alta e descobriu que 87% das organizações consultadas estão dispostas a abrir mão de profissionais competentes por questões comportamentais. Foram ouvidas 522 empresas, sendo 63% delas multinacionais, e a maioria com faturamento acima dos 100 milhões de reais por ano. As empresas estão dando, hoje em dia, um peso maior a aspectos subjetivos da vida profissional. Temperamento, atitudes, maneira de relacionar-se são fatores cruciais para a empresa decidir ou não pelo rompimento do contrato de trabalho.

É claro que a demissão é também um somatório de vários aspectos, entretanto, o fato é que as empresas passaram a dar um valor bem maior a tudo o que diz respeito à maneira como você se conduz como ser humano. Elas estão atentas às suas características pessoais, e não simplesmente às profissionais. (Adaptado de: *Você S/A*, ed. 23, ano 3, maio 2000.)

Tente perguntar a opinião do colega, mostre interesse em saber quais são as ideias dele também. Preste atenção, inclusive, ao tipo de pergunta que faz, pois nem todas as perguntas têm o mesmo efeito. Se você só fizer perguntas finalizadoras que esgotam a possibilidade de dar continuidade ao diálogo, provavelmente outro responderá de forma objetiva e poderá sentir-se como se estivesse em um interrogatório ou em uma prova de múltipla ecolha.

O convívio social exige que nos coloquemos no lugar do outro. Durante um diálogo, preste atenção ao seu tom de voz, aos seus gestos, olhar, coisas das quais muitas vezes descuidamos, mas que podem dizer muito mais que palavras.

Leia o diálogo a seguir simulando uma conversa. Coloque-se como o interlocutor. Após ler, reflita: como se sentiu nessa situação?

Eu: "Qual é o seu nome?"
Você: "Fulano..."
Eu: "O que você faz?"
Você: "Sou estudante."
Eu: "Você trabalha?"
Você: "Sim."
Eu: "Onde você mora?"
Você: "Em Campinas."

A intenção pode até ter sido das melhores — talvez demonstrar interesse pela outra pessoa —, mas esse tipo de diálogo deve ser evitado, pois você acaba interrompendo a pessoa sem lhe dar chances de sentir-se à vontade, além de ser semelhante a uma investigação.

Um diálogo deve ser como um jogo de pingue-pongue, no qual cada jogador tem sua vez. Entretanto, é possível jogar individualmente? Você poderia me responder que sim, em razão da tecnologia, mas certamente as jogadas são bem mais criativas e interessantes quando há dois jogadores, cada um respeitando a posição do outro.

6.2 COMPETITIVIDADE E RESPEITO MÚTUO

Onde há duas ou mais pessoas quase sempre existe competição, a disputa declarada ou oculta por espaço, posição ou atribuições, ou para que qualquer coisa que seja da autoria de alguém prevaleça e seja aceita pelos outros.

Desde a infância, disputamos a atenção dos pais, e a competição está presente em todas as relações — e você não pode negar —, por exemplo, entre homens e mulheres, sogras, amigos, colegas, irmãos, disputa por uma vaga, pelas melhores notas no colégio, pelo estágio mais cobiçado, por uma melhor posição na empresa, por uma melhor qualidade de vida, entre outras.

A competição é inerente à espécie humana e é até saudável, no sentido de você se comparar para buscar seu aprimoramento pessoal e profissional. Entretanto, ela é prejudicial quando se torna uma obsessão, quando você quer a qualquer preço sobressair, ganhar do outro, mesmo que para isso seja preciso desrespeitar e prejudicar o próximo, o que acaba comprometendo o convívio social.

Além da competição ser um desejo natural da espécie humana e comum também aos outros animais, ainda há o fator cultural, pois a sociedade ocidental valoriza muito o vencedor, e o fracasso é visto como derrota. Ser perdedor é considerado imensa vergonha.

Estamos sempre nos comparando, e quase sempre com quem é melhor ou está melhor que nós.

É comum ver alguém se comparando a outra pessoa que está pior que ele mesmo? Por exemplo, é muito mais fácil ver alguém dizendo que tal colega tem um carro X, uma casa na praia, do que dizendo: "Nossa, como estou bem, olha quanta gente não tem nem um teto para morar!". Nós nos acostumamos a associar o fracasso à infelicidade e à frustração e não aprendemos a lidar com as perdas e com as derrotas.

Você já reparou que no Brasil sempre há festa porque fulano foi promovido, porque passou no vestibular ou porque nasceu o sobrinho? Há um ritual que envolve as vitórias. Aprendemos a nos preparar para as comemorações. Mas por que ninguém nos ensina a lidar com as perdas e os insucessos? É preciso aprender que nem sempre é possível ganhar e que a convivência social implica a interação de pessoas diferentes.

> **ABRE ASPAS**
>
> Na vida pública, ninguém olha para os que estão pior, mas apenas para os que estão melhor.
>
> Sêneca

É essencial que admitamos que, quando há duas ou mais pessoas, sempre haverá conflitos e disputas e, como num jogo esportivo, temos de estar cientes de que às vezes ganhamos e em outras, perdemos ou empatamos.

O que não se pode fazer é recusar-se a conviver em sociedade. Somos seres essencialmente sociais. É ilusão pensar que você é autossuficiente, que não precisa do outro. A convivência social deve ser como num time de futebol, no qual o craque não existe se não houver outro jogador para quem ele possa passar a bola. Cada um tem suas diferenças, mas, sem reciprocidade, companheirismo e respeito ao próximo, o jogo pode ser um fracasso.

Há um dito popular que diz: "A diferença entre o veneno e o remédio está na dose", o que nos faz pensar que a competitividade pode ser positiva e colaborar para o nosso crescimento pessoal se soubermos dosá-la; entretanto, seu uso inconsequente pode causar danos irreversíveis à nossa imagem e prejudicar o convívio social.

6.3 COMPORTAMENTO ÉTICO

Desde que o mundo é mundo e daquele tempo em que nossos ancestrais ainda moravam em cavernas, os conflitos existem em razão da luta pela sobrevivência. No início, não havia um limite entre o certo e o errado, o bom e o ruim, o justo e o injusto. À medida que o homem foi se organizando em grupos mais complexos, aumentou também a dificuldade de convivência com os outros. Surgiram filósofos, pensadores e líderes religiosos que procuraram respostas e soluções para a desordem social que preocupava a todos, pois a exploração, os abusos de poder e de autoridade eram comuns. Com a criação das máquinas, começou um processo de transformações muito rápidas, e muita coisa mudou, como, por exemplo, a relação entre homem e mulher, pais e filhos, a comunicação entre os povos.

Hoje, existem leis que garantem direitos e deveres, os patrões têm de respeitar mais os empregados, os consumidores estão mais exigentes, as mulheres conquistam a cada dia mais espaço no mercado e são mais valorizadas.

Ainda assim, existe injustiça, leis que não são cumpridas, governantes corruptos, racismo, guerras, violência e pessoas gananciosas que só querem dinheiro e poder. Sem falar naqueles que sempre querem levar vantagem sobre os outros, os egoístas, os mentirosos, os que vivem prometendo e nunca cumprem e aqueles que não conseguem sequer conviver pacificamente com os outros. Nesse sentido, é preciso que se resgate a ética para nortear o comportamento. Mas será que você tem consciência da importância da ética em sua vida pessoal e profissional?

Sem a intenção de um aprofundamento sistemático em conceitos, de forma simples e prática, a ética investiga aquilo que é bom e conduz o homem ao bem comum.

A vida humana fundamenta-se na convivência e, de acordo com o poeta inglês John Donne, "Nenhum homem é uma ilha, completo em si mesmo. Todo homem é um pedaço do continente, uma parte do todo...", ou seja, é justamente nas relações em comunidade e do dia a dia que descobrimos a importância de ser ético. É convivendo com o outro que surgem os problemas, as dúvidas — por exemplo, Como devo agir?, Como devo me portar diante do outro?

Diariamente nos vemos diante de problemas práticos relacionados a nossas escolhas, crenças, opiniões, comportamentos e atitudes e que exigem que paremos e reflitamos: O que é correto, justo e bom de acordo com a sociedade?

A questão é que o homem se acostumou a agir sem pensar sobre suas ações. O comportamento humano, assim como o sistema produtivo, mecanizou-se. O homem não tem tempo e, quando tem, prefere não refletir ou reavaliar suas atitudes, seus valores e comportamentos.

Aprender sobre comportamento ético não é adquirir informações, mas, sim, conhecimento que nos auxilia a viver e a conviver. Se seguirmos algumas regras que não estão escritas em leis, mas implícitas — por exemplo, "Não faça ao outro o que não deseja que façam a você" —, já daremos um grande passo em direção ao convívio social mais humano e digno.

ABRE ASPAS

O homem é responsável pelos seus atos e tem consciência do seu dever.

Immanuel Kant

6.4 COMPORTAMENTO SOCIALMENTE EFICAZ

Na convivência com outras pessoas, buscamos ser respeitados e ouvidos, porém, algumas vezes esquecemos que seremos respeitados se soubermos ouvir e respeitar também.

Para desenvolver um comportamento socialmente eficaz, são necessárias algumas ações, como veremos a seguir:

- Necessidade de sermos mais empáticos.
- Prestar atenção ao fato de que na maioria das vezes que nos comportamos agressivamente é porque não tínhamos em nosso repertório de comportamentos uma resposta mais ajustada à situação ou porque entendemos na fala do outro que ele estava apontando um erro ou uma fragilidade nossa.
- A assertividade é outro comportamento importante de ser adquirido ou desenvolvido para que tenhamos maior êxito nas relações interpessoais.
- Tenha em mente que o termômetro da sua eficácia social é sempre o que seu comportamento causa no outro. Assim, o outro é nosso parâmetro para a melhoria.
- Podemos aprender por regras socialmente determinadas e/ou por contingências, ou seja, nas demandas do dia a dia, caso a caso, por experimentação, por observação. O importante é que, se buscamos aprender apenas

PARA FIXAR

O comportamento socialmente eficaz é aquele que, quando emitido, produz harmonia na relação interpessoal e, consequentemente, uma melhoria na qualidade de vida das pessoas, pois tem como propósito fundamental preservar o direito e a individualidade do outro.

PARA FIXAR

Empatia é a capacidade de colocar-se no lugar do outro.

PARA FIXAR

Assertividade é a capacidade de expressar uma emoção de maneira adequada, de forma honesta e no momento oportuno.

> **PARA REFLEXÃO**
>
> Houve vezes em que você agiu agressivamente com alguém e essa pessoa foi tão delicada, polida e socialmente eficaz que você mudou seu comportamento? Quantas vezes você foi socialmente eficaz e anulou o comportamento agressivo do outro?

por contingências, corremos o risco de romper regras já determinadas, o que pode levar à punição. Por outro lado, se aprendemos apenas pelas regras, deixamos de observar os detalhes da situação. Assim, fique atento às regras previamente estabelecidas, mas não perca de vista a especificidade de cada caso, de cada situação.

- Outra maneira de ter um comportamento socialmente eficaz é observar o papel que os outros desempenham, a hierarquia de determinada relação e, mais do que isso, que são humanos passíveis de erros e acertos.

- Diante de uma situação em que não se tenha um repertório de respostas ajustadas e assertivas para resolvê-la, você pode lançar mão da técnica do PARE-PENSE-ATUE. Ou seja, antes de dar a resposta, respire fundo e pense na melhor forma de fazer isso.

De maneira resumida, vimos que as seguintes etapas para adquirir ou desenvolver um comportamento socialmente eficaz são importantes: ser empático, assertivo, prestar atenção às regras e às contingências, observar o papel do outro e a hierarquia de dada relação, utilizar a técnica do PARE-PENSE-ATUE.

6.5 A COMPOSIÇÃO DA SUA IMAGEM

Pode até parecer cruel ou injusto, mas nem sempre temos uma segunda chance de causar uma boa impressão, e esse impacto positivo é fundamental no estabelecimento de vínculos positivos com o outro.

Pesquisas psicológicas revelaram que as pessoas, ao avaliarem o outro, dão muito mais importância às percepções iniciais do que às informações que recebem depois. Elas tendem a acreditar que as primeiras coisas que aprendem são a verdade.

Na composição da sua imagem preocupe-se com a boa aparência, não se apegue ao uso de grifes famosas e modismos, procure transmitir às pessoas autoconfiança. Fique atento à imagem que fazem de você, pois a falta de cuidado com sua aparência pode gerar percepções negativas a seu respeito

Estilo, nesse sentido, é:

- Ter autoestima.
- Vestir-se de maneira adequada de acordo com o momento e com a ocasião.
- Estar bem vestido sem ser o centro das atenções.

Ter estilo e boa aparência não significa seguir os padrões de beleza ditados pela sociedade, e sim ter uma postura que transmita segurança e autoaceitação.

Seu comportamento também pode comprometer sua imagem. De nada vale um currículo repleto de especializações, como pós-graduações ou mestrado, se você vive cometendo deslizes. Tenha a certeza de que "você pode ter 99 ações corretas, mas se cometer um erro será lembrado por seu erro, e as pessoas se esquecerão de toda a sua trajetória e dos 99 acertos". Por isso, pense antes de agir quando, por exemplo:

- Queixar-se de um produto que tenha comprado com defeito ou de um atendimento ou serviço malfeito.
- Estiver em filas — ninguém gosta, mas não é justo você furar a fila. Todo mundo tem compromissos importantes; o tempo é preciso não só para você, mas para todos.
- Conversar com aqueles seus vizinhos inconvenientes que fazem festa em plena quarta-feira à noite.

Esses são apenas alguns exemplos, mas a lição é a seguinte: tudo o que você faz ou fez pode comprometer sua reputação, por isso, todo cuidado é pouco — muitas vezes, um comportamento explosivo em uma fila ou com a atendente do supermercado pode ser fatal para a sua boa imagem. Você será sempre lembrado como uma pessoa grossa e mal-educada.

6.6 COMPORTAMENTO NO TRABALHO

Sem a intenção de dar fórmulas prontas ou mágicas que você deve seguir como receitas de bolo, o intuito deste tema é convidá-lo a uma reflexão sobre atitudes e comportamentos que possam afetar sua vida pessoal e profissional, pois no local de trabalho é preciso redobrar o cuidado na relação com as pessoas. Veja a Figura 6.1.

Lembre-se, entretanto, de que regras existem não para padronizar comportamentos, mas para facilitar a interação do profissional no ambiente de trabalho.

FIGURA 6.1 Etiqueta no trabalho

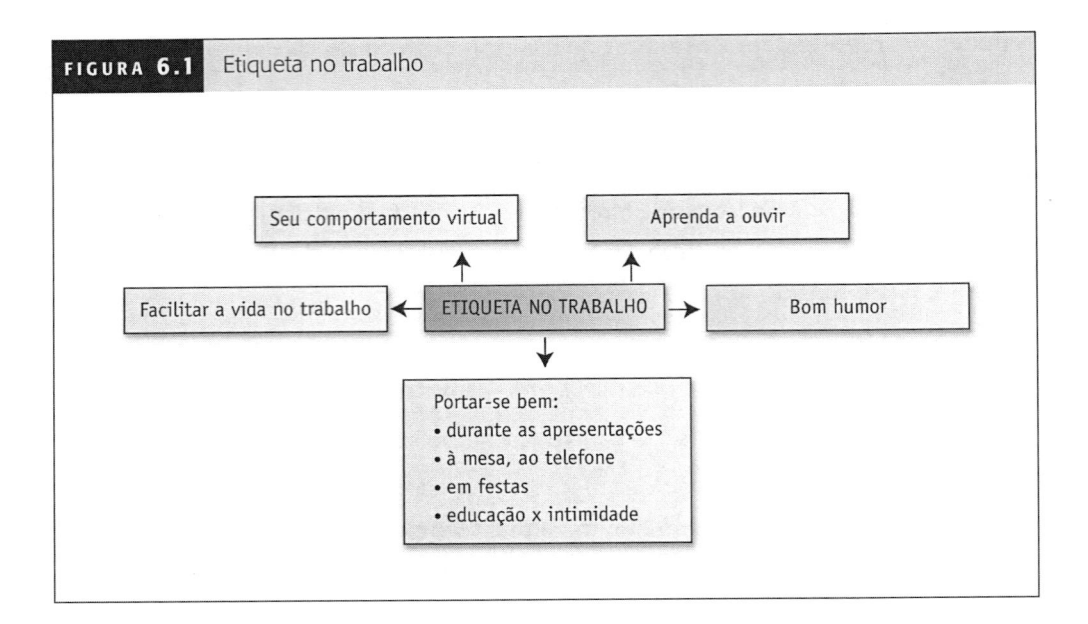

```
                    Seu comportamento virtual        Aprenda a ouvir
                              ↑                            ↑
    Facilitar a vida no trabalho ← ETIQUETA NO TRABALHO → Bom humor
                                         ↓
                              Portar-se bem:
                              • durante as apresentações
                              • à mesa, ao telefone
                              • em festas
                              • educação x intimidade
```

Atualmente valoriza-se a singularidade, portanto, tenha uma assinatura própria, um jeito particular e procure equilibrar aquilo que o ambiente espera como padrão mínimo de comportamento, mas preserve seu jeito único e exclusivo de ser.

6.6.1 Primeira dica: aprenda a ouvir

PARA REFLEXÃO

Saber ouvir é uma habilidade importante para nos aproximarmos de outras pessoas. E você? Com que frequência se esforça para compreender e mostra-se sinceramente interessado naquilo que o interlocutor está dizendo?

Embora pareça estranho, ouvir é uma habilidade que você precisa desenvolver, pois exige concentração, disponibilidade, esforço e vontade.

Não é ouvir o outro como você escuta uma mensagem gravada no celular; o outro é um ser que tem emoções e percebe quando você o trata como mensagem eletrônica.

O mesmo vale para atividades em equipe. É essencial reconhecer que as pessoas têm sempre algo a nos ensinar e que o convívio em sociedade só faz sentido quando se compreende a importância da troca de experiências, conhecimento e informações.

Por exemplo, você já deve ter participado de alguma dinâmica de grupo na qual havia um sujeito que falava mais que todos. Sempre que o selecionador lançava um problema, ele era o primeiro a levantar a mão e, muitas vezes, até atropelava os colegas. Os membros do grupo sentiram-se acuados e não participaram ativamente da dinâmica.

Conclusão: talvez o candidato se achasse uma pessoa interessante, extrovertida, líder, mas a impressão que as pessoas tiveram dele foi bem diferente — podem tê-lo julgado como egoísta, arrogante e difícil de lidar.

ABRE ASPAS

" Deus dotou os homens de uma boca e dois ouvidos para que ele ouça o dobro do que fala. "

Sêneca

6.6.2 Segunda dica: bom humor

A maioria das pessoas passa de oito a dez horas no local de trabalho, e é extremamente desagradável aguentar aquele colega que reclama o dia todo. Faça chuva ou sol, nada está bom. Reclama do computador que 'está lento', da impressora 'barulhenta', do café 'doce demais', sem falar das reclamações pessoais que certamente você ouve, como 'não consigo emagrecer', 'odeio acordar cedo'.

> **ABRE ASPAS**
>
> O *saber ouvir* é desimpedir a mente e colocar de lado as próprias experiências e valores, prestando atenção ao corpo e à alma de quem fala. É preciso compreender aonde ela quer chegar. Só depois é que devemos manifestar nossa opinião e, quiçá, nossa orientação.
>
> Keith Harrell

Ter bom humor não é sinônimo de rir à toa ou fingir que está tudo bem; trata-se de aprender a tirar proveito das coisas ruins que acontecem e encarar as dificuldades de forma mais natural. Assim, você melhora a sua qualidade de vida e a de todos que convivem com você.

6.6.3 Terceira dica: portar-se bem

Não adianta você ter um bom currículo e ser competente se não souber se portar corretamente com clientes, fornecedores, colegas ou superiores. Por questão didática, esta dica está subdividida nos seguintes tópicos:

Durante apresentações

- Em um jantar, se você estiver sentado e for homem, deve levantar sempre que apresentado a alguém. Se for mulher, levante-se somente para cumprimentar mulheres de mais idade ou pessoas de alta hierarquia.
- Aperto de mão firme é o tipo de cumprimento mais adequado (meninas, esqueçam os 'beijinhos'). Lembre-se de olhar nos olhos das pessoas.
- No restaurante, não estenda a mão para cumprimentar se a outra pessoa estiver comendo; uma simples reverência é suficiente.

À mesa

Parece óbvio falar de como portar-se à mesa, mas é sempre bom recordar aquilo que a gente já sabe, para que na prática isso seja algo natural e você não passe pelas indesejadas 'saias justas'.

- Mantenha postura ereta e, mesmo que a cadeira seja uma das mais confortáveis, tente não se esparramar.
- Se na mesa houver guardanapo de pano, desdobre-o e coloque no colo. Ao término da refeição, deixe-o em cima da mesa.
- Caso haja muitos talheres cujo uso você desconhece, comece sempre de fora para dentro.
- Evite misturar alimentos muito diferentes no mesmo prato.

Ao telefone

- Quando ligar para alguém, não pergunte 'quem fala'?; identifique-se e diga com quem deseja falar.
- Nunca deixe a pessoa do outro lado da linha escutando as famosas 'musiquinhas' sem ao menos avisar ou pedir permissão. Lembre-se também de dar um retorno, não a deixando por muito tempo em espera.

Festas e coquetéis

- Se receber um convite com as siglas R.S.V.P. (do francês *Répondez, S'il Vous Plaît*), significa que você deve confirmar sua presença em até 48 horas.
- Eventos profissionais são oportunidades para você ampliar sua *network*, por isso, conheça pessoas, não se limite ao grupo que você conhece ou aos que são seus colegas de trabalho.

- Se for acompanhado, evite ficar 'grudado', pois isso pode bloquear futuros contatos profissionais e as pessoas podem vê-lo como antissocial.

Educação x intimidade

Ser educado é tratar as pessoas com cordialidade, e não com intimidade. Lembre-se de que as relações no ambiente de trabalho devem ser estritamente profissionais.

- Expressões como 'meu bem', 'querida', 'meu anjo' devem ser evitadas.
- Não se aproxime demais das pessoas quando for falar; mantenha uma distância razoável e observe seu tom de voz.

6.6.4 Quarta dica: facilitar a vida no trabalho

O dia a dia no trabalho pode tornar-se um fardo mais pesado e estressante, e algumas vezes insuportável, se você se esquecer de alguns detalhes — por exemplo, você já se deu conta de que às vezes passa mais tempo com seus colegas do que com sua família?

A seguir, você verá como alguns detalhes podem tornar o relacionamento mais saudável em seu cotidiano:

1. Parece óbvio lembrá-lo das famosas palavrinhas mágicas: 'bom-dia', 'com licença', 'por favor' e 'obrigado(a)', mas é incrível como as pessoas esquecem quanto elas são importantes e que devem ser usadas ao se dirigir ao próximo, independentemente do cargo ou função.

2. Sempre que puder, preste pequenos favores, pois a convivência em grupo exige a reciprocidade.

3. Quando for criticar alguém, faça-o sempre em local isolado e em momento propício. Lembre-se: "Elogios públicos, críticas privadas".

4. Se você vai casar ou vai fazer uma festa, não deixe o convite em mural (impessoalidade). Faça convites individuais e entregue-os em mãos somente à sua equipe de trabalho e aos amigos mais próximos. Casamento é evento íntimo (que custa caro) e não empresarial ou público, sendo desnecessário convidar todos.

5. Em ambiente de trabalho, não comente sobre sua vida e problemas pessoais, caso contrário poderá ser alvo de fofocas e boatos.

6. Respeite o horário de trabalho, deixe os comentários sobre o cinema para o horário de almoço.

7. Mantenha distância dos boatos e comentários maldosos sobre colegas e não faça julgamentos que, quase sempre, são injustos e sem fundamento.

Se ouvir uma 'fofoca', guarde-a para si, pois você poderá prejudicar um colega que nem terá direito à defesa. Dica: se ouviu uma fofoca, antes de contar a alguém, coloque-se no lugar do outro. Você gostaria que alguém denegrisse sua imagem injustamente?

8. O celular deve ficar desligado e guardado no armário. Em caso de doenças, informe aos colegas ou deixe no modo silencioso.

9. Se estiver em uma palestra ou seminário, espere sua vez de perguntar, não interrompa sempre o palestrante. Lembre-se de que em eventos desse tipo o orador é sempre a autoridade (mesmo que você não goste dele, aceite o fato). O público tem direito a perguntas, mas no momento certo e na dose ideal. Caso só você faça muitas perguntas, corre o risco de pensarem que quer aparecer mais que o palestrante.

6.6.5 Quinta dica: seu comportamento virtual

A Internet agilizou a comunicação no dia a dia do profissional e é impossível pensar num ambiente de trabalho sem essa facilidade. Entretanto, o uso indevido ou inadequado pode comprometer sua imagem.

A seguir são destacados pontos sobre os quais vale a pena refletir e que poderão ajudá-lo. Na dúvida, use o bom senso e lembre-se de que qualquer deslize na comunicação virtual pode prejudicá-lo.

- Nem todas as informações podem ou devem ser enviadas por e-mail, por isso, avalie a funcionalidade; e-mail, por definição, deve ser uma mensagem breve e simples. Dependendo do assunto e do contexto, não seria o caso de marcar um almoço, uma reunião ou uma teleconferência?

- Não confunda mensagem breve com telegráfica. As saudações e a assinatura não devem ser omitidas.

- Abreviaturas mais comuns são aceitáveis, mas não em excesso. Evite também os sinais gráficos que os internautas usam para expressar emoções.

- Responda aos e-mails, nem que demore alguns dias. Caso contrário, você pode passar a imagem de pouco-caso em relação ao outro.

- Use a Internet no local de trabalho somente para assuntos profissionais; não acesse seu e-mail pessoal ou envie e-mails da empresa para amigos.

- Esqueça as piadas.

- Evite ficar na Internet por um período muito longo, mesmo que você tenha terminado seu trabalho.

RESUMO

- A educação é fundamental para promover o convívio, pois ela envolve aprendizagem, e a convivência em sociedade só faz sentido na medida em que se reconhece a importância do outro.
- Um dos desafios da convivência social é aprender a viver com as diferenças e amenizar os conflitos.
- Existem coisas que parecem óbvias, mas temos de aprender como dialogar.
- A competitividade existe e é até saudável, no sentido de que você se compara com o outro e busca o aprimoramento. Entretanto, ela é prejudicial quando se torna uma obsessão.
- Nossa vida está fundamentada na convivência, e é exatamente nas relações interpessoais e no dia a dia que surgem as dúvidas sobre como agir e sobre o que é correto e bom de acordo com a sociedade.
- Na composição de sua imagem, procure ter estilo e cuidar de sua aparência, mas lembre-se de que seu comportamento também pode afetar sua imagem.
- No trabalho, é importante redobrar a atenção ao seu comportamento, pois qualquer deslize pode comprometer sua carreira. Aprenda a ouvir, tenha bom humor, facilite a vida no trabalho, use o mundo cibernético a seu favor e procure portar-se bem em eventos sociais.

SAIBA MAIS

BRANDÃO, R. Carlos. *O que é educação?* São Paulo: Brasiliense, 1991.

CASTRO Alfredo Pires de. *Automotivação: como despertar essa energia e transmiti-la às pessoas*. Rio de Janeiro: Campus, 1996.

DEL PRETTE, Zilda A. P.; DEL PRETTE, Almir. *Psicologia das habilidades sociais: terapia e educação*. 2. ed. Petrópolis: Vozes, 1999.

DICIONÁRIO LAROUSSE CULTURAL DA LÍNGUA PORTUGUESA. São Paulo: Nova Cultural, 1999.

IACOCCA, Liliana; IACOCCA, Michele. *O que fazer? Falando de convivência*. São Paulo: Ática, 1993.

JOLIF, Y. *Compreender o homem*. São Paulo: EPU, 1970.

KALIL, Glória. *Chic[Érrimo]: moda e etiqueta no novo regime*. 5. ed. São Paulo: Códex, 2004.

LARROSA, Jorge; LARA, Nuria. *Imagens do outro*. Petrópolis: Vozes, 1998.

LIMA Vaz, H. *Antropologia filosófica*. v. 1 e 2. São Paulo: Loyola, 1991.

MAGALHÃES, Lucila Rupp de. *Aprendendo a lidar com gente: relações interpessoais no cotidiano*. Salvador: Casa da Qualidade/EDUFBA, 1994.

NOGUEIRA, J. C. "Ética e responsabilidade pessoal". In: MORAIS, R. de. *Filosofia, educação e sociedade* (Ensaios Filosóficos). Campinas: Papirus, 1989.

PEPPERS, D.; ROGERS, M. *Empresa 1:1: instrumentos para competir na era da interatividade*. Rio de Janeiro: Campus, 1997.

ATIVIDADES

Responda, resumidamente e com suas próprias palavras, ao roteiro de estudo e fixação do conteúdo.

1. O que é civilidade?
2. Você concorda com a afirmação: é necessário o resgate urgente do conceito de civilidade? Justifique sua resposta.
3. O que é educação e qual sua importância para o convívio social?

4. O que é um comportamento socialmente eficaz e quais são as etapas ou dicas para desenvolvê-lo?

5. Das dicas sobre etiqueta, qual(ais) delas você já aplica e qual(is) faz(em) mais sentido para você?

6. Se você fosse inserir neste texto mais dicas de regras de convivência no ambiente de trabalho, quais seriam?

TEMA PARA REFLEXÃO E PRODUÇÃO DE TEXTO

Após ler o texto, elabore uma redação, de até 20 linhas, que aborde como o tema central se encaixa no dia a dia de seu trabalho ou em sala de aula.

Convivência

Durante uma era muito remota, quando parte do globo terrestre esteve coberto por densas camadas de gelo, muitos animais não resistiram ao frio intenso e morreram indefesos, por não se adaptarem às condições do clima hostil.

Foi então que uma grande manada de porcos-espinhos, numa tentativa de se proteger e sobreviver, começou a unir-se, juntar-se mais e mais. Assim, cada um podia sentir o calor do corpo do outro. Todos juntos, bem unidos, agasalhavam-se mutuamente, aqueciam-se, enfrentando por mais tempo aquele frio horrível.

No entanto, acabaram se afastando, feridos, magoados, sofridos. Dispersaram-se, por não suportarem por mais tempo os espinhos dos seus semelhantes. As feridas doíam muito!

Mas essa não foi a melhor solução: separados, logo começaram a morrer congelados! Os que não morreram voltaram a aproximar-se, pouco a pouco, com jeito, com precauções, de tal forma que, unidos, cada qual conservava certa distância do outro, mínima, mas suficiente para conviver sem ferir, para sobreviver sem magoar, sem causar danos recíprocos. Assim, suportaram-se, resistindo à longa era glacial. Sobreviveram!

Se continuarmos mantendo a união, podando nossos espinhos, respeitando as individualidades e pensando na importância da convivência em grupo, por certo sobreviveremos a todas as eras glaciais.

Autor desconhecido

CAPÍTULO 7

ELABORAÇÃO DE CURRÍCULO

Yaeko Ozaki

OBJETIVOS DE APRENDIZAGEM

APÓS LER O TEXTO E PRATICAR AS ATIVIDADES PROPOSTAS, VOCÊ SERÁ CAPAZ DE:

- ANALISAR OS PONTOS RELEVANTES PARA A PREPARAÇÃO DO CURRÍCULO, DA CARTA DE APRESENTAÇÃO OU INTENÇÃO E DO PORTFÓLIO DE VIDA PROFISSIONAL.
- ELABORAR OU ATUALIZAR O SEU PRÓPRIO CURRÍCULO.
- ELABORAR A CARTA DE APRESENTAÇÃO OU CARTA DE INTENÇÃO PARA ACOMPANHAR O CURRÍCULO.
- ANALISAR CRITICAMENTE OS PONTOS DESFAVORÁVEIS DO CURRÍCULO E BUSCAR SOLUÇÕES.
- COMPREENDER TEXTOS.
- APLICAR INFORMAÇÕES E CONCEITOS.
- ANALISAR E AVALIAR ARGUMENTOS.

INTRODUÇÃO

Aquilo que você faz, escreve ou fala revela a sua forma de ser. A todo instante você está sendo percebido e também percebe as outras pessoas.

Dessa forma, no mercado de trabalho, todo profissional coloca-se numa vitrine para expor seus talentos. Por isso, são necessários cuidados especiais na elaboração de um currículo eficaz, seja na apresentação impressa ou digital, na forma de escrever, de apresentar-se a si próprio ou redigir suas experiências profissionais. O currículo precisa estar atraente na percepção do selecionador, para que ele queira conhecer você.

É sobre esse documento tão importante que vamos tratar neste capítulo.

7.1 CURRÍCULO

PARA FIXAR

O currículo é um documento que revela a história profissional e os aspectos da personalidade do seu proprietário.

Agora que você já sabe o que realmente deseja e quer para sua vida porque já elaborou o seu projeto de vida, chegou o momento de elaborar o seu primeiro currículo ou atualizar aquele que você já tem.

Segundo o *Dicionário Aurélio*, *Curriculum vitae* é uma expressão latina usada universalmente e significa 'carreira da vida'. Você encontrará termos como *résumé*, em francês, significando 'resumo', e *summary*, em inglês, que significa 'sumário'. Currículo é a forma abreviada e aportuguesada.[1]

O currículo é um documento que revela a história profissional e os aspectos da personalidade do seu proprietário. Por isso, sua elaboração requer cuidados especiais para atrair a atenção da pessoa que o lerá. Muitas vezes, profissionais competentes perdem grandes oportunidades porque não conseguem vender a sua imagem pelo currículo! Por outro lado, profissionais não tão competentes conseguem grandes oportunidades porque vendem uma boa imagem.

Não existem receitas prontas para elaboração de um currículo perfeito; o que existem são tendências. O segredo para criar um bom currículo é passar o maior número de informações com o menor número de palavras. Ele deve ser a sua carta de apresentação, a sua fotografia. Use somente termos necessários e evite os supérfluos, que não agregam valor ao conteúdo do documento. Opte pela qualidade, e não pela quantidade de palavras ou páginas.

---

1 Optamos por usar a palavra 'currículo', uma vez que o *Dicionário Aurélio* a define como adaptação da expressão original *Curriculum vitae*.

O currículo deve ser personalizado. Portanto, faça adequações às necessidades toda vez que precisar encaminhá-lo a alguma empresa. Você poderá enviar cópias reproduzidas, desde que sejam de boa qualidade, sem emendas, correções ou rasuras.

Lembre-se de que, geralmente, a maior parte dos currículos recebidos pelas empresas não é aproveitada. Poucos permanecem no banco de dados, e somente uma pequena parcela de candidatos é chamada para entrevista.

Todo profissional deve manter o currículo atualizado. Elaborar o primeiro currículo é mais trabalhoso; a partir dele, a atualização torna-se mais fácil. Este é o momento de elaborar ou aperfeiçoar seu currículo.

O objetivo principal do currículo é despertar o interesse do selecionador para que você seja chamado para entrevista. Outro objetivo é 'vender' a imagem de profissional competente que poderá contribuir para o desenvolvimento da empresa e alcançar seus objetivos.

> **PARA FIXAR**
>
> O objetivo principal do currículo é despertar o interesse do selecionador para que você seja chamado para entrevista. Outro objetivo é 'vender' a imagem de profissional competente que poderá contribuir para o desenvolvimento da empresa e alcançar seus objetivos.

7.1.1 O que NÃO se deve fazer na elaboração do currículo

- **Não** use currículos pré-fabricados, comprados em papelarias e bancas de jornal.
- **Não** é necessário escrever o título: currículo, *curriculum* ou *Curriculum vitae*, pois o formato do documento já evidencia que é um currículo!
- **Não** cite vários objetivos. **Não** mencione que 'qualquer área serve', pois você poderá ser interpretado como um profissional que não sabe exatamente o que quer.
- **Não** há a necessidade de citar os números de documentos nem de anexar cópia de documentos, certificados, diplomas, cartas de apresentação. Você precisará apresentá-los somente quando solicitado, e geralmente isso é feito no processo de admissão.
- **Não** mencione o salário pretendido; faça-o somente se for solicitado.
- **Não** cite todo o histórico escolar: maternal, ensino fundamental, ensino médio; isso é desnecessário, pois, se você cursou o ensino médio, é evidente que passou pelo ensino fundamental. Cite somente o curso mais recente.
- **Não** anexe foto; faça-o apenas quando a foto for solicitada.
- **Não** há necessidade de mencionar o motivo dos desligamentos nas empresas em que trabalhou; você poderá ser questionado a respeito no momento da entrevista.
- **Não** use desenhos, molduras ou outras formas gráficas.

7.1.2 Aspectos éticos

Você deve citar no currículo informações que possam ser comprovadas.

Não tente vender a imagem da pessoa ou do profissional que você não é. Você deve fazer seu 'Marketing pessoal' (assim como estudamos anteriormente) porque é uma 'pessoa de qualidade' e poderá a qualquer momento, inclusive numa possível entrevista, demonstrar aquilo que você expressou no currículo ou na carta de apresentação ou de intenção. Por isso, todo cuidado é pouco! Só você pode e deve cuidar da sua imagem!

> **PARA REFLEXÃO**
>
> Citar informações que não correspondem à realidade pode ser considerado 'falsidade ideológica', o que, além de comprometer sua imagem, é crime.

7.1.3 Cuidados na elaboração do currículo

O texto do currículo deve ser objetivo, claro, limpo, atraente e visualmente agradável. A seguir, alguns cuidados que você deve tomar.

- Justifique as margens e utilize as seguintes medidas: margens superior e esquerda com 3 cm; margens inferior e direita com 2 cm.
- Utilize uma fonte de digitação que permita boa leitura: Arial 11 ou Times New Roman 12 permitem boa visualização.
- Uma redação impecável é obrigatória: concordância, pontuação e ortografia corretas. Passar o corretor ortográfico minimiza a possibilidade de erros ortográficos, mas não é garantia total; se tiver dúvida, recorra aos dicionários e aos livros de gramática.
- Evite abreviar palavras e jargões específicos de determinadas empresas.
- Use **negritos**, *itálicos* e <u>sublinhados</u> apenas para realçar alguns dados.
- O currículo de profissional em início de carreira poderá ter uma página, e de profissional experiente poderá ter, no máximo, 2 ou 3 páginas.
- Valorize os pontos fortes da sua carreira ou da formação profissional.
- Direcione o currículo para o tipo de organização em que você está interessado.
- Avalie se a experiência profissional é condizente com a descrição de um anúncio de emprego — responda ao que a empresa pede se realmente preencher os requisitos necessários.

7.1.4 Tipos de currículo

Currículo cronológico: apresenta os empregadores em ordem cronológica inversa, isto é, em ordem decrescente de datas: o mais atual é citado em primeiro lugar e por último, o mais antigo.

Currículo funcional: enfatiza as funções, e não os empregadores.

Currículo cronológico-funcional: associa o currículo cronológico ao currículo funcional. É o mais usado no mercado de trabalho.

7.1.5 Preparação para elaboração do currículo

Para tornar a elaboração mais fácil e organizada, tenha em mãos os seguintes documentos: seu projeto de vida, certificados e diplomas, Carteira de Trabalho e Previdência Social (CTPS) e outros documentos cujos dados farão parte do currículo.

Se você é um profissional experiente, prepare um detalhamento de cada cargo que assumiu, considerando suas atribuições, responsabilidades e resultados.

Os itens que devem compor seu currículo são: dados pessoais, objetivos, qualificações ou resumo profissional, experiência profissional, formação, formação complementar e outras informações. Seguem as explicações sobre o conteúdo de cada item.

Dados pessoais

- Nome, endereço, telefone (se for para recados, mencione o nome da pessoa que os deverá receber e certifique-se de que ela está preparada para anotá-los correta e rapidamente quando alguma empresa lhe telefonar) e e-mail.

- Quanto ao número do telefone celular, se você está empregado, mencione-o apenas se puder atendê-lo em horário de expediente e se não for criar constrangimentos ao receber convite para participar de um processo seletivo. Imagine receber esse convite com seu chefe ao seu lado sem que você tenha contado a ele que está à procura de um novo emprego!

- Citar o e-mail demonstra que você está conectado com a modernidade. Mesmo que você não tenha computador em casa, abra uma conta por meio de um provedor gratuito e verifique sua caixa de correspondência eletrônica com frequência. Outro ponto importante é manter o controle da capacidade de armazenagem, para que as mensagens não sejam devolvidas e você perca a oportunidade de participar de um processo seletivo.

- Cite sua nacionalidade, estado civil e data de nascimento ou idade. Lembre-se: não há necessidade de escrever 'nacionalidade: brasileira', pois todos nós sabemos que 'brasileira' é nacionalidade; portanto, o termo 'nacionalidade' não agrega valor.

Objetivo

- Especifique os objetivos (área pretendida) ou cargos para os quais está qualificado, ou área em que poderá demonstrar maior competência.
- Defina a especialização; isso poderá valorizar seu perfil (por exemplo: engenheiro eletrônico — pesquisa e desenvolvimento de sistemas).

Qualificações ou resumo profissional

- Cite sua experiência e conhecimentos importantes.
- Resuma as principais qualificações nas funções exercidas e também almejadas.
- Mencione o conhecimento de idiomas de uso comercial e o grau de conhecimento (básico, intermediário, avançado, leitura técnica, redação, conversação).
- Seja coerente na descrição dos objetivos e dos passos da sua carreira profissional.
- O número de tópicos suficiente pode estar entre 6 e 7.

Experiência profissional

Mencione as informações a seguir:

- Nome da empresa, em ordem cronológica inversa de datas de admissão/demissão.
- Cargos ocupados.
- Breve sumário das conquistas realizadas.
- Principais atribuições e realizações (no máximo, em três linhas). As atribuições e responsabilidades dos cargos são praticamente as mesmas entre as empresas — as realizações é que diferenciam os profissionais.
- Resultados, benefícios e contribuições: para cada atribuição/responsabilidade, anote o que fez, o porquê e o que conseguiu com isso. Por exemplo: "Analisei estudos de evolução salarial para verificar a posição da empresa no mercado com a finalidade de dar suporte à diretoria de Recursos Humanos". Use frases curtas e na primeira pessoa: são mais diretas e convincentes. Quando o trabalho foi realizado em equipe, faça essa menção, usando o verbo no plural. Por exemplo: "Realizamos prospecções de mercado e conseguimos aumentar em 10% a nossa cartela de clientes". Alguns

resultados que podem ser citados: aumento de produtividade, vendas, faturamento e lucratividade; lançamento de novos produtos e serviços; redução de preço, custo e prazo; desenvolvimento de novas ferramentas, novos processos de trabalho; melhoria da qualidade; eliminação de atrasos, desperdícios e outros que julgar relevantes.

Formação

- Mencione somente a maior graduação: nome da instituição educacional e mês/ano de formação.
- Cursos técnicos são valorizados no mercado de trabalho. Se você os possuir, mencione.

Formação complementar

Este item serve para avaliar o interesse do candidato em manter-se atualizado.

- Relacione somente os cursos que tenham contribuído para o desenvolvimento de suas competências.
- Cursos de idiomas, cursos diretamente ligados à profissão, seminários e outras informações relevantes para a sua formação profissional e cultural.
- Escolas, duração dos cursos e datas em ordem decrescente (do mais recente para o mais antigo).
- Cursos que aparentemente não interessam à empresa podem ser um importante diferencial do candidato. Podem ser mencionados: sapateado, mímica, teatro, música, filosofia, desde que tenham contribuído para melhorar o desempenho pessoal (por exemplo, teatro e mímica podem contribuir para a desinibição do profissional, exercitar trabalho em equipe, adquirir maior controle emocional etc.). Quando são mencionados todos os cursos realizados, o selecionador poderá fazer uma análise completa do profissional.

Outras informações que podem ser citadas

- Participação em atividades associativas profissionais.
- Viagens ou experiências internacionais que possam ter ampliado experiências e conhecimentos na carreira profissional: mencione o local das viagens e os objetivos profissionais.

FIQUE DE OLHO

Alguns aspectos geram polêmicas entre os profissionais de recrutamento e seleção.

1. *Datar ou não datar o currículo?*
Alguns pedem para datar, outros para não datar. Nossa orientação é que você deve datar para que tenha um controle sobre a última atualização dos dados. Geralmente, a empresa mantém o currículo durante um ano em seu banco de dados; a partir de então ele é excluído.

2. *Assinar ou não assinar o currículo?*
A grande maioria dos profissionais orienta a não assinar, por questões de segurança.

3. *Redigir o currículo na 1ª ou na 3ª pessoa do singular?*
Alguns profissionais recomendam redigir na primeira pessoa: eu. Outros recomendam na terceira pessoa: ele ou ela, para não dar a impressão de prepotência. Orientamos que você o redija na primeira pessoa do singular, tomando o cuidado para não parecer arrogante. Tome cuidado também para usar a primeira pessoa do plural: nós, quando a atividade ou os resultados tiverem sido da equipe, incluindo você.

4. *Redigir ou não a carta de apresentação ou de intenção?*
Quando bem redigida, valoriza o profissional, bem como ajuda a 'driblar' a falta de experiência e a diferenciá-lo dos demais candidatos.

7.2 CARTA DE INTENÇÃO OU DE APRESENTAÇÃO

A carta de intenção também pode ser chamada de carta de apresentação. Ao ler essa carta, o selecionador/entrevistador poderá detectar se o candidato conhece a linguagem do setor ou o jargão técnico da profissão.

A seguir, listamos os aspectos que podem ser ressaltados nessa carta.

- Descubra alguns aspectos culturais, assim como o perfil da organização, e cite-os na carta. Isso causa boa impressão. O empresário americano Bill Gates declarou numa entrevista que ele se impressiona quando o candidato demonstra que conhece aspectos importantes da sua empresa.
- Disposição, potencial e possibilidade de colaborar com a empresa. Mas é preciso cuidado para não parecer arrogante!
- Se for o seu caso, explique que você está satisfeito no emprego atual, mas gostaria de buscar novas posições no mercado.
- Pontos importantes da carreira que não foram citados no currículo.
- Complementações a informações citadas no currículo.
- Se você pretende mudar de área, é o momento de justificar suas pretensões. Mencione na carta e explique o porquê.
- Cite em que aspectos os cursos realizados contribuíram para seu crescimento: isso poderá compensar a falta de experiência e ajudar o candidato a diferenciar-se dos demais.
- A importância de cada empresa pela qual você passou.
- Projetos novos e interessantes.
- Progressos e resultados do seu trabalho.
- Contribuições à comunidade etc.

A carta deve ser resumida, com frases curtas, e impressa em papel de boa qualidade. Escrevê-la à mão pode ser positivo, desde que a caligrafia seja legível. Também auxilia no recrutamento ao permitir exame grafológico, isto é, a análise da personalidade pela escrita. E pode impressionar por insinuar que o candidato não tem receio de ser analisado.

Sugestão para a elaboração dos parágrafos da carta de intenção:

- Primeiro parágrafo: mencione por que você quer trabalhar na empresa.
- Segundo parágrafo: conte de que forma poderá contribuir para a empresa — sua disposição, potencial e competências para colaborar com a organização.
- Terceiro parágrafo: cite os aspectos do seu currículo que quer enfatizar ou complemente com alguma informação não mencionada nele.

Se você almeja o primeiro emprego, deve deixar claro o que já aprendeu, pois isso evidenciará o grau de aproveitamento e o nível de desenvolvimento.

PARA FIXAR

A carta de intenção também pode ser chamada de carta de apresentação. Você poderá incluir na carta informações importantes que quer comunicar, mas que não foram mencionadas no currículo.

PARA REFLEXÃO

A carta é apenas um exemplo. A partir dele, você deverá elaborar a sua própria carta, usando toda a sua criatividade para torná-la um diferencial. Já imaginou se vários candidatos copiarem o mesmo modelo e enviarem para as mesmas organizações? Você acredita que os selecionadores os avaliarão como criativos?

CAPÍTULO 7
ELABORAÇÃO DE CURRÍCULO

A seguir, um exemplo de carta de intenção e do currículo cronológico-funcional. A carta é apenas um exemplo. A partir dele, você deverá elaborar a sua própria carta, usando toda a sua criatividade para torná-la um diferencial. Já imaginou se vários candidatos copiarem o mesmo modelo e enviarem para as mesmas organizações? Você acredita que os selecionadores os avaliarão como criativos?

EXEMPLO DE CARTA DE INTENÇÃO

Campinas, 9 de outubro de 2008.

> Não se usa ponto quando se escreve o ano: o correto é 2008.

ABC Construtora
À at. Recrutamento e Seleção

> Endereço só se digita no envelope!
> Destinar o currículo à área que recebe os currículos.

Campinas (SP)

Prezados Senhores

Venho acompanhando, por revistas e jornais, a evolução da ABC, que vem fechando contratos em diferentes países e que foi considerada neste ano uma das 100 melhores empresas para trabalhar.

Quando li o anúncio na *Folha de S.Paulo*, não tive dúvidas em enviar-lhes meu currículo, candidatando-me à vaga de Técnica em Informática.

Atualmente, estou empregada em uma boa empresa, mas gostaria de redirecionar minha carreira, assumindo novos desafios em uma empresa ligada à Engenharia Civil, onde eu possa aliar os conhecimentos adquiridos na faculdade com a prática profissional.

Tenho grande força de vontade e facilidade de aprendizado e creio que vou me adaptar facilmente às mudanças.

Estou certa de que a minha forma de ser, os conhecimentos e a experiência agregados em Informática até agora me possibilitam exercer com segurança as atividades do cargo a que estou me candidatando.

Aguardo oportunidade para entrevista.

Cordialmente.

MARIA JOSÉ BASTOS DE ALBUQUERQUE

> Obs.: A carta deve ser assinada!

EXEMPLO DE CURRÍCULO

MARIA JOSÉ BASTOS DE ALBUQUERQUE

Rua Dr. Amadeu Rocha, 34 – Botafogo
13069-123 Campinas (SP)
(0xx19) 3234-5609 (recados com Osmar)
mjose@uol.com.br

Brasileira
Solteira
25/janeiro/84 (24 anos)

OBJETIVO: TÉCNICA EM INFORMÁTICA

QUALIFICAÇÕES
- Cursando o 1º ano de Engenharia Civil.
- Técnica em Informática.
- Experiência com aplicativos MS-Office, AutoCAD 2008 e softwares de gestão integrada Microsiga.
- Experiência na editoração de imagens, utilizando softwares Corel Draw X-4, plataforma Windows Vista e Photoshop.
- Conhecimentos de processos administrativos de compras, estoque e processamento de dados.
- Monitora de aulas no laboratório de informática.

EXPERIÊNCIA PROFISSIONAL
Generali do Brasil Ltda.
Desde janeiro/2004.
Assistente de Informática
Gerenciamento e instalação de programas em palmtops, configuração e instalações de softwares, suporte às áreas da empresa sobre os softwares de gestão integrada Microsiga.

KS Informática
De março/2002 a dezembro/2003.
Vendedora
Venda de microcomputadores e periféricos, elaboração de orçamentos e relatórios comparativos para análise e atualização da tabela de preços de venda; emissão de notas fiscais e boletos bancários e organização e manutenção de estoque. Como responsáveis pela implantação do banco de dados na empresa, conseguimos maior agilidade no processo de venda de produtos e melhoria da rentabilidade financeira em torno de 15%.

FORMAÇÃO
Engenharia Civil — cursando o 1º ano
Faculdade Comunitária de Campinas.
Técnico em Informática — concluído em dezembro/2005
Escola Padre Anchieta.

FORMAÇÃO COMPLEMENTAR

2007 – ISO 9000 e 18000 (30 horas)
   CIESP Campinas.

2006 – Inglês – Intermediário
   Michigan Campinas
   Corel Draw e Photoshop (40 horas)
   Microcamp Campinas.

OUTRAS INFORMAÇÕES

Monitora do laboratório de informática
Faculdade Comunitária de Campinas
Desde abril/2008.

Campinas, outubro/2008.

MARIA JOSÉ BASTOS DE ALBUQUERQUE

7.3 INTERPRETAÇÃO DE UM ANÚNCIO DE EMPREGO

Multinacional metalúrgica (1) seleciona
TÉCNICO EM ADMINISTRAÇÃO
Perfil: preferencialmente (2) candidatos masculinos de nível técnico,
dois anos de experiência (3);
obrigatório domínio de Inglês (4);
recomendável conhecimentos de Espanhol e Informática (5).
Dá-se preferência (6) para pessoas extrovertidas.
Idade mínima 18 anos (7).
Enviar currículos (8)
para a caixa postal 333 (9) – 01105-030 São Paulo (SP).

---

(1) Este é um anúncio fechado, porque a empresa se identifica apenas como sendo metalúrgica: o objetivo é manter sigilo e evitar candidatos não qualificados, atraídos pelo nome da empresa.

(2) Dá-se preferência a candidatos do sexo masculino; se você é do sexo feminino e se enquadra no perfil exigido, deve arriscar e enviar o currículo.

(3) Embora se mencione o tempo de experiência, caso o candidato se sinta capacitado para a vaga, deve arriscar e enviar o currículo.

(4) Esse requisito é eliminatório: se o profissional não tiver domínio do idioma Inglês, não deve se candidatar.

(5) Não é eliminatório: pedem-se conhecimentos (não precisa ser *expert*), mas quem tiver melhor domínio leva vantagem.

(6) Significa que esse requisito pode ser usado em caso de desempate.

(7) Se o profissional se sentir capacitado para a vaga, mas possuir menos de 18 anos, poderá enviar o currículo, embora a idade mínima seja mencionada.

(8) Envie seu currículo o mais breve possível.

(9) A ausência de endereço e telefone reforça a ideia do sigilo em relação à empresa.

7.4 DICAS PARA O *JOB-HUNTER*

Se você está desempregado, procurando uma recolocação no mercado, ou está buscando redirecionar sua carreira, você é um *job-hunter*, que em inglês significa 'caçador de emprego'.

Prepare um bom currículo! Seja realista, nem otimista, nem pessimista: vá à luta! Arrisque! Inove! Não desanime com os 'nãos' que receber. Acredite que um 'não' hoje pode ser um 'sim' no futuro. Mesmo que receba um 'não', deixe uma imagem positiva. Mesmo que não tenha sido bem recebido numa organização, deixe uma imagem positiva. Nem sempre os profissionais representam bem as organizações em que trabalham.

Procure anúncios em jornais, descubra as consultorias que recrutam os profissionais na empresa em que você quer trabalhar, busque informações na Internet, fale com colegas, amigos, professores, conhecidos.

Se você não for selecionado, isso não significa que não seja competente, inteligente ou suficientemente bom para a vaga. Nem sempre os profissionais mais competentes são selecionados: é chamado aquele profissional que mais se ajustar às necessidades da empresa. A empresa sabe que, se escolher o profissional mais competente e ele não tiver espaço para exercitar as suas competências, ela poderá 'matá-lo'.

PARA REFLEXÃO

Se você não for selecionado, isso não significa que não seja competente, inteligente ou suficientemente bom para a vaga.

7.5 A REMESSA DO CURRÍCULO

Para que empresas você deve encaminhar o currículo? Algumas estratégias podem ser adotadas, por exemplo:

- busque banco de currículos das empresas pela Internet;

- selecione empresas e organizações nas quais gostaria de trabalhar;
- pesquise em jornais e revistas;
- use sua rede de relacionamentos e verifique quais empresas estão recrutando.

Qual é a melhor forma de divulgar seu currículo? Currículo em papel, currículo eletrônico, e-mail com o currículo para amigos, deixar o currículo na recepção da empresa? Não existe receita mágica sobre qual a melhor forma de conquistar um novo emprego. O importante é que você conheça suas competências, seus pontos fortes e saiba 'vendê-los', pelo currículo, sem ser arrogante. Acredite em si mesmo e demonstre isso por meio de atitudes.

> **PARA FIXAR**
>
> O importante é que você conheça as suas competências, os seus pontos fortes e saiba 'vendê-los', pelo currículo, sem ser arrogante. Acredite em si mesmo e demonstre isso por meio de atitudes.

7.6 FORMAS ALTERNATIVAS DE APRESENTAÇÃO DO CURRÍCULO

7.6.1 Elaboração do portfólio

Quando você precisa comprar um produto, vai ao mercado, supermercado, hipermercado, não é mesmo? Da mesma forma, quando uma empresa precisa de um profissional para ocupar uma vaga, ela recorre ao mercado de trabalho, por vários meios de recrutamento: jornais, revistas, Internet, painéis de faculdades, empresas de recolocação profissional ou à *network*,[2] pedindo indicação de outras empresas.

Quando um profissional vai vender os produtos ou serviços de uma empresa no mercado, ele prepara um portfólio ou dossiê contendo imagens, fotos e especificações desses produtos e serviços e também da empresa. Da mesma forma, você pode preparar um portfólio com os trabalhos que já realizou.

Você encontrará a grafia dessa palavra em três formas diferentes: *portfolio* (em inglês); em português, você encontrará como: portfolio, portfólio ou porta-fólio (*Dicionário Aurélio*). Nós preferimos usar a forma portfólio.

O portfólio é o local onde você poderá guardar informações sobre sua trajetória profissional para mostrá-las numa entrevista. Pode ser uma pasta bem organizada. Há nas papelarias pastas específicas para armazenar os resultados do seu trabalho.

Veja, a seguir, o que você pode incluir no portfólio, desde que não sejam informações confidenciais:

- organograma da empresa, mostrando sua posição funcional — nesse caso, retire os nomes dos outros profissionais se constarem no organograma;

> **PARA FIXAR**
>
> O portfólio é um dossiê com suas realizações e suas conquistas significativas ao longo de sua trajetória profissional.

---

[2] Rede de relacionamentos.

- gráficos de desempenho, evidenciando os resultados;
- projetos desenvolvidos;
- prêmios recebidos ou conquistas significativas;
- cartas de recomendação;
- fotos;
- certificados, diplomas de reconhecimento;
- notícias sobre você e/ou seu time no jornal interno da empresa.

Você também pode incluir imagens do seu site na Internet, em blogs e em sites de relacionamento.

Ao ser convidado a participar de uma entrevista de colocação ou recolocação, leve o portfólio e, se tiver oportunidade, mostre-o ao entrevistador. Essa atitude poderá ser um diferencial! Por meio do portfólio, é possível avaliar a evolução profissional e conhecer o potencial a ser desenvolvido.

> **PARA REFLEXÃO**
>
> No seu portfólio você poderá incluir também seu projeto de vida e seu currículo. Quando tudo estiver pronto, poderá perceber todas as suas conquistas! Sua autoestima se elevará!

7.6.2 Currículo em vídeo

É uma modalidade em que o candidato apresenta em vídeo (imagem e som) um resumo do seu currículo, que pode ser hospedado nos sites das empresas de consultoria em recrutamento e seleção.

Esse tipo de currículo é uma tendência no mundo corporativo e pode tornar-se tanto um forte aliado quanto um inimigo do candidato. Murphy (2007) enumera sete dicas para a preparação dessa modalidade:

1. Destaque seu diferencial.
2. Tenha simplicidade.
3. Faça no máximo dois minutos de gravação.
4. Antes da gravação, redija os pontos essenciais.
5. Demonstre entusiasmo e confiança.
6. Tenha cuidado com a apresentação pessoal e o ambiente de gravação.
7. Cuide também da comunicação não verbal.

7.6.3 Currículo informatizado

Geralmente, as grandes empresas oferecem fichas para o preenchimento de dados na Internet. Algumas recebem currículo por e-mail, outras o recebem impresso em papel.

Ao se candidatar a uma vaga por esse tipo de seleção, use algumas palavras-chave que poderão facilitar o destaque de seu currículo:

- *verbos que indicam ação*: criar, elaborar, colaborar, conduzir, coordenar, liderar, delegar, desenvolver, integrar, gerenciar, modificar, negociar, organizar, propor, prover, qualificar, selecionar, compartilhar etc.
- *habilidades*: liderança, consultoria, tomada de decisão, idioma, solução de problemas, pesquisa, síntese, treinamento, desenvolvimento, gerenciamento, facilidade para falar em público, trabalho em equipe, criatividade, flexibilidade, adaptação a mudanças etc.

7.6.4 Currículo Lattes

A plataforma Lattes é uma base de dados de currículos e instituições da área científica e tecnológica. É um sistema único disponibilizado pelo Centro Nacional de Desenvolvimento Científico e Tecnológico (CNPq), que pode ser acessado pelo endereço eletrônico http://lattes.cnpq.br.

REFERÊNCIAS

FERREIRA, Aurélio Buarque de Holanda. *Novo dicionário Aurélio da língua portuguesa*. 15. imp. Rio de Janeiro: Nova Fronteira, 1975.

MURPHY, N. "Currículo em vídeo?" 27 ago. 2007. Disponível em: <http://cio.uol.com.br/carreira/2007/08/27/idgnoticia.2007-08-27.0954547777/>. Acesso em: 13 set. 2008.

SAIBA MAIS

Está interessado(a) em complementar esses conceitos? Então, convido você a acessar as fontes a seguir.

Revistas

Você S/A – Editora Abril.
Vencer! – Editora Vencer.

Sites

1. http://carreiras.empregos.com.br
2. http://lattes.cnpq.br/
3. http://www.rh.com.br
4. http://www.curriex.com.br
5. http://www.empregos.com.br
6. http://www.curriculum.com.br

Filme

O diabo veste Prada. Direção: David Frankel. Intérpretes: Meryl Streep, Anne Hathaway, Emily Blunt, Stanley Tucci, Gisele Bündchen e outros. Estados Unidos: 20th Century Fox/Peninsula Films, 2006. DVD (109 minutos), sonoro, colorido.

Após assistir ao filme, reflita sobre:

- Como me preparar para a busca de um novo emprego?
- Como selecionar as empresas nas quais gostaria de trabalhar?

RESUMO

- O currículo é um documento que revela a história profissional e os aspectos da personalidade do seu dono. Por isso, são necessários cuidados éticos na sua elaboração, a fim de vender a imagem do profissional competente que você é.
- O objetivo do currículo é atrair a atenção do selecionador para que você seja chamado para uma entrevista.
- Um dos desafios do currículo é saber comunicar com poucas palavras o máximo de informações. Portanto, é importante usar palavras que agreguem valor.
- O currículo pode ser acompanhado pela carta de intenção ou de apresentação, citando aspectos que não puderam ser mencionados nele. Redigi-lo adequadamente poderá ser um diferencial.
- Formas alternativas de apresentação do currículo podem ser: portfólio, vídeo, currículo informatizado e/ou Lattes. Todas elas devem ser elaboradas cuidadosamente, demonstrando claramente sua evolução profissional e seu potencial a ser desenvolvido.

Estudo de Caso

No mercado de trabalho, os candidatos são avaliados como produtos de marcas diferentes à espera de consumidor. Depois de dez anos como líder de produção numa multinacional de produtos alimentícios, acreditando ter potencial para assumir um posto de gerência, Roberto resolveu disputar uma vaga no mercado de trabalho. Ele tem 27 anos, está no terceiro ano da faculdade de administração de empresas, fala fluentemente o inglês e o espanhol, tem domínio da microinformática e habilidade para lidar com pessoas. Inicialmente, pediu a uma gráfica rápida para elaborar seu currículo e o distribuiu para cerca de cento e vinte empresas da região da Grande São Paulo. Depois de cinco meses, Roberto ainda não havia recebido nenhum convite para entrevista.

Reflita sobre o fato de Roberto ter distribuído tantos currículos e não ter despertado o interesse dos selecionadores.

ATIVIDADES

Agora que você concluiu a elaboração do seu currículo, acompanhe o checklist para analisá-lo. Vá assinalando com um 'x' nas colunas à direita, de acordo com sua resposta (sim ou não). Reveja no currículo as não conformidades (os itens com resposta não).

	CHECKLIST PARA AVALIAÇÃO DO SEU CURRÍCULO		
	Aspectos Gerais do Currículo		
Nº	Questões	Sim	Não
1	Usei o corretor ortográfico?		
2	Tenho certeza de que as palavras estão corretamente digitadas?		
3	As vírgulas, os pontos finais, os pontos e vírgulas estão corretamente utilizados?		
4	Iniciei o currículo com o meu nome?		
5	Está personalizado para atender às necessidades da empresa à qual estou me candidatando?		
6	Está visualmente atraente?		
7	A fonte utilizada permite boa leitura?		
8	A margem direita e a margem esquerda estão justificadas?		
9	Os negritos, itálicos e sublinhados realçam apenas as informações mais importantes?		
	Dados pessoais		
10	Nome completo		
11	Endereço completo: rua, número, bairro, CEP, cidade, sigla do estado		
12	Telefones (0xx prefixo e número)		
13	E-mail		
14	Nacionalidade		

15	Estado civil			
16	Data de nascimento ou idade			
	Objetivo			
17	Está coerente com o cargo pretendido?			
18	Está coerente com as minhas qualificações?			
	Qualificação ou resumo profissional			
19	Minha experiência e os conhecimentos importantes foram citados?			
20	Há coerência entre o(s) objetivo(s) e as minhas qualificações?			
	Experiência profissional			
21	Está em ordem cronológica inversa (data de admissão/demissão mais recente para a mais antiga)?			
22	Citei as empresas?			
23	Citei os cargos?			
24	Fiz um breve resumo das atribuições e responsabilidades mais importantes dos cargos que exerci?			
25	Citei os resultados que obtive no(s) meu(s) cargo(s)?			
26	Usei verbos de ação?			
27	Fiquei longo período de tempo longe do mercado de trabalho?			
	Formação			
28	Mencionei somente a maior graduação?			
29	Informei o ano de conclusão?			
30	Informei se interrompi o curso? Até que série cursei?			
31	Citei o curso técnico (equivalente ao ensino médio) que realizei?			
32	Informei o ano de conclusão do curso técnico?			
	Formação complementar			
33	Está em ordem cronológica inversa?			
34	Relacionei somente os cursos que contribuíram para o desenvolvimento de minhas competências profissionais?			
35	Citei as instituições de ensino?			
36	Citei a duração dos cursos?			
37	Fiz algum curso que contribuiu para melhorar o meu desempenho pessoal?			
38	Se respondi 'sim' à questão anterior, mencionei-o na carta de apresentação?			
	Outras informações			
39	Fiz alguma viagem ou tive experiência internacional que agregou valor à minha carreira?			
40	Citei vivências em atividades sociais, esportivas ou voluntárias?			

41	Vou datar o currículo?		
Autoanálise crítica			
42	Meu currículo passa a ideia de falta de adaptação nos empregos?		
43	Mudo constantemente de curso sem os concluir?		
44	Tenho baixa escolaridade para atingir meus objetivos de vida profissional?		
45	Mudo constantemente de cargo por promoção?		
46	Mudo constantemente de cargo dando a ideia de instabilidade?		
47	Este currículo é a minha verdadeira imagem?		
48	Ele está à altura do profissional e da pessoa que eu realmente sou?		
49	Ele apresenta algum diferencial ou é mais um diante dos milhares de currículos que são enviados para as empresas?		

Partindo das informações do checklist, faça uma análise crítica sobre a sua experiência profissional, abordando seus pontos fortes e fracos e como transformar esses pontos fracos em fortes.

Questões dissertativas
1. Qual a finalidade do currículo no mercado de trabalho?
2. Identifique pelo menos três pontos relevantes na elaboração do currículo, que poderão servir como diferenciais num processo seletivo.
3. Elabore o roteiro de um currículo para uma pessoa que o utilizará pela primeira vez, usando todos os recursos e dicas apresentados nesta seção.
4. Disserte sobre a ética na elaboração do currículo.
5. Cite três aspectos importantes na elaboração da carta de intenção ou de apresentação.
6. Quais as diferenças entre a carta de intenção e o portfólio?
7. Imagine que seu melhor amigo ficou desempregado. Você quer enviar-lhe um e-mail contendo dicas sobre como ser um *job-hunter*. Pense em três recomendações que você faria a ele.
8. Quais são as formas alternativas de apresentação do currículo?

CAPÍTULO 8

MERCADO DE TRABALHO: COMO IDENTIFICAR E CONQUISTAR OPORTUNIDADES

Josiane C. Cintra

OBJETIVOS DE APRENDIZAGEM

Após ler o texto e praticar as atividades propostas, você será capaz de:

- IDENTIFICAR OPORTUNIDADES NO MERCADO DE TRABALHO.
- RECONHECER AS PRINCIPAIS TÉCNICAS APLICADAS PELAS EMPRESAS PARA ATRAIR E ESCOLHER PROFISSIONAIS.
- PREPARAR-SE, DE MANEIRA EFICAZ, PARA AS DIFERENTES ETAPAS DE UM PROCESSO SELETIVO.
- ANALISAR PROPOSTAS DE TRABALHO E POSICIONAR-SE DE ACORDO COM SEUS OBJETIVOS PROFISSIONAIS.

INTRODUÇÃO

Neste capítulo vamos abordar aspectos gerais do mercado de trabalho e das oportunidades existentes, levantando e discutindo informações, com o objetivo específico de orientar sua preparação, para que possa ter uma participação competente e eficaz em processos seletivos.

Para isso, vamos falar das oportunidades do mercado atual, como identificá-las e conquistá-las a partir de seu posicionamento e do aproveitamento de seu potencial.

Ao apresentarmos os temas, mostraremos um pouco do que se pratica no mercado atual quando o assunto é contratação de pessoas (ou atração e escolha de talentos), incluindo as técnicas mais avançadas e inovadoras.

Também nos propomos orientar o processo de preparação necessário para que você obtenha o melhor de si mesmo e do mercado.

Finalmente, pretendemos que toda essa proposta seja permeada por reflexões e relações com o mundo atual: real e virtual. Então, vamos lá!

8.1 AS OPORTUNIDADES DO MERCADO DE TRABALHO

Em primeiro lugar, vamos alinhar uma importante afirmação: se você está disponível no mercado ou buscando uma oportunidade de desenvolvimento e pretende prestar serviços ou ser contratado por uma empresa, saiba que passará por um processo seletivo.

Mas o que é um processo seletivo? Podemos entender que *processo seletivo* é um **processo** porque tem início, meio e fim e também porque as ações executadas durante seu desenvolvimento são planejadas com base em métodos e técnicas; é **seletivo** porque tem o objetivo de selecionar, fazer uma escolha fundamentada dos candidatos mais adequados para exercer determinada função. Também é interessante saber, de acordo com Chiavenato (2005), que um processo seletivo é constituído de duas grandes etapas sequenciais: o *recrutamento* e a *seleção*.

- **Recrutamento** é a etapa na qual a empresa contratante divulga uma oportunidade de emprego ao mercado de Recursos Humanos, no qual estão os candidatos em potencial.

- **Seleção** é a etapa em que a empresa contratante, de posse do currículo dos profissionais interessados, inicia um processo de análise de informações com o objetivo de escolher alguns candidatos que, aparentemente, tenham as características básicas para o desempenho da função em questão. Durante essa etapa, é como se o selecionador fosse um investigador, buscando e analisando as informações explícitas e implícitas por meio do histórico profissional, da formação, do comportamento e das atitudes dos candidatos.

> **PARA FIXAR**
>
> **Empresa contratante** é aquela que tem uma ou mais vagas em aberto e, portanto, está contratando.
>
> **Candidatos** são os profissionais que respondem ao recrutamento e passam a participar do processo seletivo.

Com base nessas informações, você pode concluir que há um caminho a ser percorrido entre o seu primeiro contato com a empresa e o encerramento do processo, com a eventual (e desejada) contratação. Então, vamos falar um pouco mais sobre os passos dessa caminhada — de onde você está até onde pretende chegar. Lembrando Lao-Tsé: "Um caminho de mil quilômetros começa com o primeiro passo".

Para ilustrar melhor esse processo vamos estudar um caso real. Esse é um caso de aparente sucesso e realização profissional. Leia-o atentamente antes de pensarmos no processo. Este mesmo estudo de caso será retomado ao longo do capítulo.

Estudo de Caso

No Google, o aspecto do profissional é levado muito a sério. A empresa só contrata profissionais que demonstrem afinidade com sua cultura corporativa, conhecida pela flexibilidade e pelo ambiente colaborativo. Os funcionários são incentivados a indicar candidatos com o perfil da empresa, com direito a viagens a quem emplacar mais contratações. "Queremos pessoas brilhantes e muito legais", diz o presidente no Brasil, Alexandre Hohagen. O processo de recrutamento no Google tem outras peculiaridades, como o número de entrevistas até a contratação, que pode passar de dez. Em 2007, o paulista Ednaldo Lopes da Silveira, de 32 anos, enfrentou o filtro exigente da empresa ao disputar uma vaga para gestor de tributos. Depois de quatro meses de seleção e quase uma dezena de entrevistas, algumas em inglês, Ednaldo conversou com Alexandre Hohagen, que o surpreendeu perguntando se ele tinha alguma atividade que não estava em seu currículo e que gostaria de contar. Disse que tinha feito um curso de palhaço e apresentações para crianças carentes, conta Ednaldo. A vocação teatral, bastante inusitada para um profissional de finanças, foi um diferencial que o colocou à frente dos seus concorrentes. Além do inglês fluente, da experiência como gerente de contabilidade de uma multinacional, dos conhecimentos sólidos da legislação contábil norte-americana e de um MBA em gestão executiva, a facilidade de se comunicar fez com que Ednaldo se destacasse.

A adaptação ao estilo Google foi rápida. Seis meses depois de ter ficado com a vaga, foi promovido à gerência de contabilidade. "Acho que me encaixo bem no perfil informal, mais descolado", diz. A história de Ednaldo mostra que uma boa formação é importante, mas não faz da pessoa um talento corporativo. Iniciativa, olhar atento às oportunidades e habilidade de relacionamento são qualidades igualmente importantes e estão ao alcance de qualquer um que almeje um bom lugar no mercado.

Fonte: Você S/A, ed. 120, jun. 2008.

O primeiro passo, com certeza, diz respeito a estar em sintonia com o mercado e as oportunidades que ele oferece. Ou seja, antes de passar por todo o processo de seleção você deve ser capaz de identificar as oportunidades. Mas onde? Como? No caso apresentado, antes de passar pela seleção, o candidato teve de obter a informação de que havia uma oportunidade e enviar um currículo. Pelo perfil da empresa podemos imaginar que tenha sido indicado por um funcionário do Google. Mas há outras possibilidades, como vamos ver.

8.2 AS PRINCIPAIS TÉCNICAS DE RECRUTAMENTO APLICADAS PELAS EMPRESAS

Para fazer o recrutamento, a empresa contratante ou uma empresa terceirizada para a realização do trabalho (agência ou consultoria de recursos humanos) pode utilizar diversos meios. Realizamos uma pesquisa, entre agosto e setembro de 2008, com profissionais atuantes na área, em empresas da região Sudeste do Brasil, e comparamos os resultados com informações obtidas em publicações especializadas e nossa própria experiência. Pudemos identificar que:

Tipo de recrutamento

66% das empresas consultadas utilizam o chamado recrutamento misto, no qual são considerados candidatos tanto os próprios funcionários quanto profissionais que vêm do mercado.

Técnicas de divulgação utilizadas

- *Anúncios em jornais*: todas as empresas consultadas fazem divulgação de vagas em jornais. Contudo, a abrangência de circulação varia entre local (41,7%), regional (50%) ou nacional (8,3%). As *revistas especializadas* são utilizadas em 8,3%, mais frequentemente para divulgação de oportunidades em nível de gestão ou especialistas.

- A Internet é utilizada por todas as empresas consultadas, tanto para colocar *anúncios* em sites especializados (29,17%) quanto para pesquisa de currículos nesses mesmos sites (29,17%). A divulgação no portal da própria empresa é utilizada em 16,66% das vezes. Outras fontes são a intranet (12,5%) e a divulgação por meio de grupos de discussão (12,5%).

- Pedidos de indicações dos próprios funcionários são utilizados por 46,7% das empresas. Indicações de parceiros, de outras empresas do segmento, de clientes e de fornecedores somam 53,3% dos casos.

- As agências de emprego e as consultorias são contratadas por 83,3% das empresas consultadas.

- Divulgação em instituições de ensino (escolas técnicas ou faculdades) que possuam cursos de interesse da empresa é realizada por 66,2% das companhias. Também foram citadas as instituições especializadas em estagiários.

- Placas ou cartazes em locais de movimentação pública, ou mesmo na empresa (fachada, vitrine, portaria), são utilizados por 41,2% das empresas. Geralmente, é uma ferramenta mais utilizada no segmento da indústria (com foco em profissionais de nível operacional) e no comércio de pequeno e médio porte.

8.3 COMO SE PREPARAR PARA PARTICIPAR DA ETAPA DE RECRUTAMENTO DE MANEIRA EFICAZ

Os resultados apresentados pela pesquisa podem ser considerados uma amostra de mercado, levando-se em conta diferentes possibilidades, de acordo com a região, o segmento e a cultura de cada empresa.

De qualquer forma, é importante lembrar que, para identificar essas oportunidades, você deve estar 'antenado' com todos esses meios de acesso, ou seja:

PARA FIXAR

Nesse ponto, seria interessante que você revisse os capítulos anteriores, reforçando seu entendimento sobre elaboração de currículo, marketing pessoal e *network*.

- Ler jornais (pelo menos os locais e regionais) e revistas especializadas, de acordo com os seus objetivos profissionais.

- Realizar pesquisas periódicas em sites de recursos humanos, agências e consultorias que fazem o cadastramento de vagas em aberto e de currículos de profissionais (com ou sem custo). Eles podem ser localizados na Internet, por meio de mecanismos de busca. Alguns estão citados no item "Saiba mais", ao final deste capítulo.

- Desenvolver e manter uma rede de relacionamentos ativa (*network*), possibilitando que seja indicado por funcionários, fornecedores ou clientes das empresas nas quais tenha interesse.

- Levantar informações e localizar endereços (reais e/ou virtuais) das empresas que atendam a seus objetivos para envio de currículo.

- Consultar periodicamente as oportunidades divulgadas nos quadros das faculdades. Dependendo de sua área (produção, comércio), deve também ficar atento aos cartazes e placas colocados pelas empresas.

Para as empresas, o resultado esperado para o recrutamento é, via de regra, o recebimento do currículo dos profissionais interessados na oportunidade divulgada. Eventualmente, a empresa contratante pode pedir que os candidatos se apresentem pessoalmente, levando consigo o currículo.

Essa é, portanto, a sua primeira oportunidade de impressionar positivamente o contratante. Para cada uma das formas de divulgação citadas existe um cuidado especial que você deve ter para encaminhamento do currículo, já discutido em outro capítulo.

8.4 AS PRINCIPAIS TÉCNICAS DE SELEÇÃO APLICADAS PELAS EMPRESAS

Existem diversas técnicas que podem ser aplicadas na seleção dos profissionais que responderam ao recrutamento, e a escolha dessas técnicas pela empresa contratante depende de alguns fatores, como:

- o tipo de informação que se quer buscar, baseado nas características comportamentais e técnicas inerentes à função a ser preenchida;
- os recursos materiais, técnicos e prazos da empresa;
- a cultura da empresa em questão.

Dessa forma, é bastante provável que, em cada processo seletivo do qual participe, você perceba algumas diferenças de procedimento, qualidade e técnicas. Essa percepção pode ajudar em seu posicionamento e em seu desempenho, pois você será capaz de entender o contexto em que vai atuar como candidato.

> **PARA REFLEXÃO**
>
> O.k., você identificou uma oportunidade! O que fez você atender ao chamado da empresa? O que suas características profissionais e seus interesses têm em comum com a proposta divulgada? Saber responder a essas questões pode ajudá-lo a dar os próximos passos.

Neste ponto, cabe rever a análise geral sobre o contexto atual do mercado de trabalho, realizada no Capítulo 3, "Trabalho, emprego e empregabilidade", que mostra uma situação de alta competitividade entre os profissionais que buscam uma oportunidade. Essa realidade torna sua participação em processos seletivos um momento especial, em que a oportunidade de conhecer e ser conhecido por empresas tem de ser aproveitada.

Do ponto de vista das empresas, atualmente, a situação também se mostra desafiadora, pois demanda agilidade e competência em todas as áreas e níveis de atuação. Cabe aos profissionais envolvidos no processo seletivo (profissionais da área de recursos humanos e os requisitantes) utilizar técnicas eficazes para obter os resultados esperados.

Esse resultado geralmente passa pela máxima que permeia as ações de uma organização competitiva: contratar o profissional mais adequado, em menor tempo, com o menor custo possível. É importante observar, no entanto, que o processo seletivo pode ter um custo e um resultado negativo: a não adaptação ou a não permanência do profissional contratado significa prejuízo para a empresa.

De acordo com o exposto, o profissional mais adequado é aquele que:

- possui as competências necessárias ao desempenho da função;
- tem valores, objetivos e expectativas coerentes com os da empresa, ou seja, existe identidade entre ambos;
- pode satisfazer as necessidades da empresa e, também, ter as suas necessidades satisfeitas, de forma que permaneça na empresa por um tempo suficiente para adaptar-se e produzir.

Esse é o contexto em que se realizam os processos seletivos hoje.

> **PARA FIXAR**
>
> Guarde esta informação: uma empresa que atua com visão estratégica e com clareza de objetivos busca contratar o profissional **mais adequado**, e não necessariamente o melhor, o mais experiente ou o mais graduado.

> Voltando ao caso inicial: o candidato participou de um processo seletivo no qual a técnica utilizada foi unicamente a entrevista. Entretanto, se você consultar o site do Google, verificará que a prática da empresa inclui diferentes tipos de entrevista: em inglês e em português, com profissionais da área em que a vaga está inserida e de outras áreas da empresa com propostas de problemas práticos para serem resolvidos, dentre outras características. Ou seja, as entrevistas são a única técnica, porém são utilizadas de maneira diferenciada, de forma a possibilitar a análise das características comportamentais e técnicas dos candidatos.

Para contratar pessoas que possam contribuir efetivamente para o desenvolvimento da empresa, tem-se buscado novas formas de atrair profissionais competentes, bem como atualizado constantemente as técnicas de seleção que fundamentam as escolhas (veja a Tabela 8.1).

TABELA 8.1 Técnicas de seleção e seu índice de aplicação pelas empresas

Técnicas de seleção	Índice de Aplicação pelas empresas
Análise de Currículos	
Entrevista de Seleção Tradicional	
Testes de Conhecimentos Específicos (relativos à área de atuação)	100%
Dinâmica de Grupo	
Entrevista de Triagem	
Entrevista de Seleção por Competências	
Testes Práticos/Simulação	91,7%
Avaliação Psicológica	
Testes de Conhecimentos Gerais (português, matemática, atualidades)	66,7%
Entrevistas via vídeo/teleconferência	41,6%
Inventários	17%
Consulta a sites de relacionamento (orkut/linkdin/unik, etc.)	25%
Grafologia	8,3%

Outro ponto de análise interessante é que, com o avanço da tecnologia e o aumento do número de usuários da Internet, passa a ser cada vez mais comum que os primeiros contatos sejam feitos por meio virtual. Na realidade, boa parte dos processos seletivos já pode ser realizada virtualmente, por e-mail, testes on-line e videoconferência ou por outros recursos inovadores, como o *Second Life*.

Parece estranho? Inviável? Muito diferente? Pois seja bem-vindo à era da seleção virtual. Esse tipo de recurso, chamado de *e-recruitment* ou *seleção virtual*, já é utilizado por diversas empresas no Brasil, com mais frequência ainda para cargos de nível gerencial, que envolvam profissionais de cidades/estados diferentes do local da empresa contratante. Mas, há evidências de que essa seja uma tendência no mercado e para todos os níveis de contratação.

Mas não se assuste, afinal, se você recebeu um contato da empresa, é porque já venceu uma etapa importante e difícil: atendeu ao recrutamento e foi pré-selecionado para participar diretamente do processo seletivo. Então, vamos a ele!

8.5 COMO SE PREPARAR PARA PARTICIPAR DA ETAPA DE SELEÇÃO DE MANEIRA EFICAZ

É importante você ter em mente que seu sucesso em um processo seletivo depende, em grande parte, de sua preparação, que passa pelo autoconhecimento.

FIQUE DE OLHO

Um avatar no RH

A funcionária T-Pink é uma das responsáveis pelo setor de recursos humanos na filial brasileira da empresa alemã T-Systems, uma das maiores do mundo na prestação de consultoria em tecnologia da informação. A executiva chama a atenção pelas longas madeixas tingidas de cor-de-rosa, razão do apelido pelo qual é conhecida. Mas realmente inusitado a seu respeito é que T-Pink só existe no *Second Life*, mundo virtual na Internet. Trata-se de um avatar que representa a empresa. Está programada para receber candidatos on-line e fazer uma primeira triagem, com base num roteiro de perguntas cujas respostas são avaliadas, junto com o currículo, por uma equipe de funcionários (de verdade). As demais entrevistas e dinâmicas de grupo são feitas no mundo real. Nos últimos três meses, 1.500 candidatos foram avaliados por T-Pink, e 144 deles seguiram na seleção. São 15 por cento dos aspirantes a uma vaga na T-Systems, a primeira no Brasil a usar o *Second Life* com esse propósito. "A seleção ficou mais eficiente", diz André Vieira, diretor de recursos humanos.

Fonte: Veja, ed. 2067, 2 jul. 2008.

Portanto, é importante lembrar que:

- se você tem objetivos profissionais e pessoais claros, também deve assumir a responsabilidade por identificar uma oportunidade de trabalho que seja compatível com eles;
- deve entender o momento do processo seletivo como uma forma de conhecer a empresa, sua cultura e a proposta de trabalho para, ao final, fazer uma opção consciente, aceitando ou não a proposta, de acordo com seus objetivos;
- *você* é responsável por sua carreira, portanto, também pode selecionar as empresas e propostas que vai aceitar.

Considere, agora, uma situação presente na maioria dos processos seletivos: você e mais um grupo de candidatos que, por algumas características em comum (entre si e com as que a empresa precisa), são pré-selecionados para uma nova etapa de contatos com o requisitante. Durante o processo seletivo, os candidatos e a empresa vão se observar e fazer opções, até que um profissional seja contratado.

Que competências e informações você tem para oferecer à empresa? De que informações você precisa para conhecer a empresa? O que o diferencia dos outros candidatos?

> Para pensar sobre essas questões, vamos voltar ao caso inicial: além do inglês fluente, da experiência como gerente de contabilidade em uma multinacional, dos conhecimentos sólidos da legislação contábil norte-americana e de um MBA em gestão executiva, o candidato possuía a facilidade de se comunicar, potencializada pelo trabalho teatral que desenvolveu, por si só, um diferencial.

Vamos, então, falar das oportunidades que você terá para demonstrar seu diferencial?

O intuito de discutirmos as técnicas aplicadas na seleção de pessoal é fazer com que seu entendimento sobre elas (o que são, como são aplicadas e seus objetivos) propicie um bom nível de segurança e clareza em sua atuação em cada uma delas. Sem a intenção de oferecer 'receitas prontas para o sucesso', vamos discutir essas técnicas, buscando contemplar o maior número de situações possíveis. De qualquer forma, é importante lembrar que as empresas podem utilizar de uma ou várias das técnicas apresentadas.

8.5.1 Análise de currículo

A análise de currículo é, geralmente, a primeira técnica utilizada em processos seletivos. Mesmo em empresas de pequeno porte ou naquelas em que não há um profissional especializado ou uma área de recursos humanos, ela é utilizada. Em alguns casos, em empresas que não têm um processo estruturado, ela é praticamente a única técnica utilizada.

Essa análise consiste na comparação das informações que constam do currículo com os requisitos definidos como fundamentais por quem vai decidir a contratação. O resultado dessa análise é a decisão de manter o candidato como potencial ou descartá-lo do processo.

Embora não haja um número exato, é consenso entre os especialistas a ideia de que um selecionador experiente leva alguns segundos para fazer uma triagem (folhear os currículos) e, em seguida, realizar uma análise mais detalhada dos que atendem mais diretamente aos requisitos. O número de currículos recebidos e analisados depende de alguns fatores, como área e nível de atuação, formação e experiência na função (delimitados pelo mercado de recursos humanos disponíveis). Existem, atualmente, algumas áreas em que há falta de profissionais qualificados, por exemplo: construção pesada e tecnologia (TI). Essa situação de mercado aumenta bastante as oportunidades para os profissionais e, eventualmente, pode diminuir as exigências por parte das empresas. Por outro lado, se uma determinada área possui um grande número de profissionais disponíveis, a concorrência aumenta, as exigências das empresas também. Neste caso, é esperado que as empresas recebam uma grande quantidade de currículos para cada vaga.

> **PARA REFLEXÃO**
>
> Neste momento você deve, estar convencido da importância de ter um currículo bem elaborado, atualizado e que mostre suas competências de forma clara e objetiva. Ele deve abrir as portas da empresa para você (reveja o capítulo anterior, 'Elaboração de currículo').

8.5.2 Contatos iniciais

Considerando que seu currículo tenha sido bem avaliado, vamos falar rapidamente de contatos, a princípio informais, que podem ser utilizados pela empresa contratante como uma técnica de pré-seleção — dentre os quais os contatos por telefone e e-mail.

Esses contatos costumam ser realizados antes de seu envolvimento direto no processo seletivo e podem ter como objetivos: esclarecer ou complementar as informações que constam de seu currículo; apresentar informações sobre a proposta de trabalho para checar seu interesse; avaliar a adequação inicial ao perfil requerido pela empresa; agendar um contato pessoal caso os objetivos anteriores tenham sido atendidos. Podem, então, funcionar como uma triagem.

Portanto, é importante tomar alguns cuidados. Reforçando informações já trabalhadas em capítulos anteriores, vejamos:

QUADRO 8.1 Preparação para contatos iniciais

1. Coloque no currículo apenas os números de telefone que você possa atender ou ter alguém que atenda, anote e transmita corretamente o recado	2. Responda as perguntas de forma clara e objetiva
3. Se você disponibilizou um endereço eletrônico, deve ter o hábito de verificar diariamente suas mensagens	4. Certifique-se de ter entendido corretamente as informações: nome da pessoa, nome da empresa, qual é a vaga que está sendo oferecida
5. Sua mensagem na caixa de recados (tanto em telefone fixo, quanto em celular) deve ser cordial, sem extravagâncias ou brincadeiras	6. Demonstre interesse em conhecer a empresa e a proposta
7. Quando atender a um telefonema, procure sempre identificar seu interlocutor no início da conversa	8. Evite falar em salário; indique apenas sua última remuneração e pretensão salarial, se for questionado
9. Caso não possa falar no momento, sinalize essa impossibilidade e certifique-se de que possa retornar a ligação em outro momento	10. Caso seja agendado um contato pessoal, anote com atenção o nome e a função da pessoa que deve procurar, bem como data, horário e local. Se achar necessário, peça uma referência da localização
11. Tenha cuidado com o vocabulário; evite gírias e expressões vulgares	12. Procure saber quanto tempo você deve disponibilizar para a empresa. Assim, pode programar-se adequadamente e ainda ter uma ideia do que vai ser proposto para esse encontro (testes, dinâmica de grupo etc.)

Se você passou uma boa impressão inicial, provavelmente será chamado para um contato pessoal com a empresa ou seu representante (agência, consultoria).

Para facilitar o entendimento sobre o que vamos discutir, procure pensar que um contato com a empresa é uma oportunidade de venda do melhor produto que você tem: *você mesmo*, suas ideias e experiências. Uma venda envolve antecipar as necessidades de seu 'cliente' potencial e mostrar-lhe como você pode atendê-las. Para tanto, algumas ações são importantes e devem anteceder esse contato, que pode ser conduzido para uma entrevista, uma dinâmica de grupo, testes ou qualquer outra forma de avaliação:

- faça uma autoanálise (revisão de seu projeto de vida);
- releia o currículo que você enviou para a empresa;
- realize uma pesquisa sobre a empresa.

Lembrando o que já foi dito no Capítulo 4, "Marketing pessoal", "um bom *produto*, para despertar interesse, deve ter também uma boa *embalagem*". Em uma pesquisa realizada pela Universidade de Harvard, os resultados apontam que um selecionador leva apenas dois segundos para formar uma primeira impressão sobre você. Podemos traduzir essa afirmação da seguinte maneira: além de sua experiência e formação, sua aparência é fundamental e pode determinar o interesse do selecionador em dedicar tempo para conhecer suas qualidades e competências.

Nesse sentido, é fundamental reconhecer que os padrões de exigência e adequação desse fator devem variar, de acordo com o nível da vaga a ser preenchida e a área em que está inserida, como também a cultura da empresa. Isso só reforça a importância de você conhecer um pouco mais sobre a empresa antes de se apresentar a ela.

De qualquer forma, existem algumas recomendações, confirmadas por meio da pesquisa que fizemos com profissionais da área de recrutamento e seleção, que servem de base para boa parte das situações que você pode encontrar.

QUADRO 8.2 Pesquisa de recrutamento e seleção: recomendações

Em todas as empresas consultadas (100%) os selecionadores concordam com as seguintes recomendações:

1. Use roupas limpas e bem passadas.
2. Mulheres devem evitar roupas muito justas, curtas ou decotadas. Para os homens, demonstrar cuidado, zelo com a imagem.
3. Tanto homens quanto mulheres, ao usar perfumes, devem preferir fragrâncias suaves e ter cuidado para não exagerar na quantidade.

De maneira geral (91,7%), os profissionais consultados recomendam:

1. Quanto ao estilo de vestimenta, prefira o clássico, evite modelos extravagantes, estampados. Na maioria das respostas, não se faz restrição às cores, mas deve haver harmonia e bom gosto no conjunto.
2. Discrição é a palavra de ordem para ambos os sexos quando se fala em acessórios.
3. Procure ter uma boa noite de sono e evite ingerir bebidas alcoólicas no dia anterior, pois você precisa demonstrar energia e disposição.
4. Evite usar ou ter piercings e tatuagens aparentes. Grande parte das empresas já não faz restrição direta a eles, porém, paralelamente, esperam bom senso quanto à adequação ao contexto (função que exerce, tipo de pessoas com quem deve ter contatos, tipo de empresa/negócio).

83,3% dos selecionadores observam aspectos como:

1. Cabelos: devem estar limpos, penteados e bem cortados para ambos os sexos. As unhas, limpas e cortadas.
2. Mulheres podem usar maquiagem, pois, com discrição, causam boa impressão, tendo cuidado com cores vivas e brilho, especialmente durante o dia.

(continua)

FIQUE POR DENTRO

O estilo da empresa: criatividade sem caricatura

A DM9/DDB está entre as cinco agências de publicidade que mais faturam no Brasil. Dona de contas graúdas, é formada por um time de Ph.Ds em criatividade. Claro, isso se reflete no modo de vestir dos profissionais dessa empresa. Nada a ver com as gravatas com personagens de desenho animado que marcaram época entre os publicitários. O clima é descontraído. As roupas são informais e de grifes, muitas grifes. E cada departamento tem suas regras:

Diretora de Contas, mulher, 36 anos, visita os clientes diariamente. "Eu deveria ser formal, mas não tenho terninho. Não é meu estilo." Suas roupas têm cortes inusitados, amplos e tecidos finos. "Gosto de liberdade."

Diretor-Geral de Atendimento, homem, 42 anos, tem reuniões constantes com clientes, por isso sempre opta pelo terno. De preferência, gosta de usar camisa rosa com gravata idem.

Supervisora de Mídia, mulher, 28 anos. Na agência, adora usar jeans e completar com um acessório diferente, como colar de strass. Se está em visitas, veste um blazer e sapatos finos.

Redator, homem, 24 anos, passa o tempo todo dentro da agência, sempre de jeans e camisetas estampadas. O ar de publicitário vem dos óculos e do cabelo, cuidadosamente despenteado.

Fonte: Você S/A, ed. 87., jul. 2005.

| QUADRO 8.2 | Pesquisa de recrutamento e seleção: recomendações (continuação) |

50% das empresas consultadas afirmam que:

1. As mulheres devem evitar sapatos com salto muito alto, especialmente se não estiverem acostumadas a usá-los. A referência, nesse caso, deve-se mais à postura e elegância ao andar do que ao modelo dos sapatos.

Há controvérsias...

1. Apesar de, atualmente, ser comum que os homens usem cabelos compridos, 58,3% dos selecionadores consultados acreditam ser mais adequado apresentar-se com os cabelos curtos. Por outro lado, 41,7% acham a questão irrelevante.
2. 50% dos selecionadores consultados acreditam que o uso de tênis e jeans não é recomendado para a situação de processos seletivos, mesmo em entrevistas para cargos iniciais ou operacionais. Na mesma questão, os outros 50% afirmam que, para nível operacional e, por vezes, até administrativo, o jeans é aceitável. Até porque hoje tênis e jeans têm grife.

Breves conclusões

1. Novamente, podemos concluir que essas observações têm relação direta com a cultura da empresa, o segmento e o nível em que o profissional irá atuar. Lembramos, ainda, que a situação de 'estar em processo de seleção' é diferente da situação de já 'fazer parte do time'. Então, mesmo em empresas onde se respeite o estilo pessoal, como o exemplo que demos, da DM9, existe um padrão. Se você não o conhece, é melhor ir devagar...
2. Pode parecer óbvio, mas é sempre bom lembrar: quanto mais elevado o nível da função que estiver disputando e o nível de seu interlocutor, maior será também a exigência de bom senso, bom gosto e qualidade em sua apresentação.
3. Finalmente, considerando as grandes áreas de atuação, pode-se dizer que, de maneira geral, a área de marketing é mais flexível do que as demais em termos de padrão de apresentação. E, se pudéssemos fazer um ranking crescente quanto à elevação do nível de exigência, seria mais ou menos assim: Informática/TI, administração/logística, financeira/controladoria.

Tudo pronto. Você está preparado para ir à empresa ou ao encontro de seus representantes. Nessa situação, outros pontos devem ser observados:

- **Faça o possível para chegar ao local do contato com cerca de dez minutos de antecedência,** assim terá tempo de desligar-se das ocorrências do caminho (trânsito, calor, frio etc.) e concentrar-se no que vai fazer. Entretanto, nunca chegue com mais de 30 minutos de antecedência nem atrasado, certamente.

- **Aproveite o tempo para observar** o ambiente da empresa e as pessoas em seu trabalho. Essa observação pode mostrar sinais interessantes sobre o funcionamento e a organização da empresa, a comunicação entre os funcionários, seu nível de satisfação aparente, dentre outras coisas.

- **É possível que encontre outros candidatos** no mesmo ambiente (sala de espera). Procure fazer contato, pois saber um pouco sobre eles pode dar-lhe algumas pistas sobre o tipo de profissionais nos quais a empresa tem interesse, bem como ajudá-lo a se posicionar melhor no processo.

Quanto ao contato com as pessoas, vale relembrar algumas informações dos capítulos anteriores, acrescidas de outras:

- Cumprimente as pessoas com um aperto de mão firme. Demonstre energia, mas sem exagero.
- Ao falar, mantenha um tom de voz adequado. Falar muito baixo ou muito alto dificulta a comunicação.
- Olhe para as pessoas enquanto fala com elas. Isso mostra segurança e confiabilidade.
- Escute atentamente o que os outros têm a dizer; não interrompa quem está falando.
- Evite tiques, como chacoalhar as pernas, estalar os dedos ou mexer num relógio ou caneta.
- Tenha cuidado com os vícios de linguagem, como usar sempre as mesmas expressões: 'Né?' 'Certo?' 'Hã-hã'.
- Não fume, coma ou masque chicletes, especialmente se estiver conversando.

> **PARA REFLEXÃO**
>
> Seja qual for a técnica a que venha a ser submetido (entrevista, dinâmica de grupo, teste), tenha em mente que o foco pode ser a busca de informações profissionais. Mas seu comportamento e atitudes também serão observados, pois a empresa quer conhecer *você*.

8.5.3 Entrevistas

Por definição, entrevista é uma situação em que duas ou mais pessoas se reúnem, em hora e local predeterminados, com o objetivo de trocar informações. É largamente utilizada em processos seletivos, pois contempla, ao mesmo tempo, a possibilidade de checar e complementar as informações do currículo e de ter um contato pessoal, por meio do qual podem ser observados aspectos comportamentais dos candidatos, como: apresentação pessoal, postura, estilo de comunicação, segurança, motivação para o trabalho etc.

Com relação ao número de participantes, as entrevistas podem ser: individuais, em comitê ou em grupo (que incluiria a participação de outros candidatos).

> Lembrando o caso inicial: o candidato passou por quase quatro meses de 'namoro' com a empresa e foi avaliado por meio de contatos iniciais, por telefone, passou por cerca de dez entrevistas, incluindo entrevistas com colegas da área em que seria inserido (individuais), com um grupo de colegas de trabalho de outras áreas (comitê) e com o presidente da empresa.

Como já foi dito, ainda é mais comum que as entrevistas sejam realizadas pessoalmente. No entanto, algumas empresas também podem aplicar entrevistas por telefone, pela Internet (e-mail, chat), por tele ou videoconferência.

Abordagens frequentes em entrevistas

> **PARA REFLEXÃO**
>
> Como é mesmo aquela frase famosa? "Se quer realmente ajudar alguém, não lhe dê o peixe, ensine-o a pescar."

Tendo tudo isso claro, prepare-se para responder questões que podem incluir aspectos profissionais, acadêmicos, pessoais, familiares e sociais. A ênfase na investigação de cada um desses aspectos depende do foco de interesse da empresa. Por esse motivo, passamos a apresentá-los e comentá-los, sem a intenção de oferecer respostas prontas às questões, mas para que você pense sobre os objetivos de cada abordagem e adeque sua resposta de maneira coerente com sua experiência profissional e pessoal.

Aspectos profissionais

Por meio deles, a empresa pode identificar sua experiência e conhecimentos necessários ao desempenho da função propriamente dita. Embora a ênfase seja em aspectos profissionais, as respostas podem mostrar suas motivações, atitudes, temperamento e habilidades aplicadas ao trabalho. Exemplo:

- *Qual foi o motivo de sua saída das empresas anteriores?*

Caso tenha sido demitido, dê respostas objetivas, evite entrar em detalhes, mas não minta. Evite fazer críticas aos antigos empregadores ou revelar informações confidenciais (ética), mantenha o foco nas questões profissionais. Por suas respostas, o entrevistador entenderá suas motivações (o que o faz permanecer ou sair de uma empresa), como enfrenta dificuldades e busca oportunidades.

Outras questões possíveis:

- *Pode fazer um relato breve de sua experiência profissional?*
- *Qual foi a experiência profissional de que mais gostou e qual foi a de que menos gostou?*
- *Como você trabalha sob pressão?*

Aspectos acadêmicos

São questões cujo objetivo é investigar aptidões e interesses, bem como checar os conhecimentos necessários ao bom desempenho da função. As informações do currículo devem ser confirmadas. Exemplo:

- *Por que escolheu esse curso? (No caso de você estar estudando ou ter completado um curso técnico, superior ou de pós-graduação.)*

A resposta indicará seus interesses e percepção de aplicação de conhecimentos na área em que pretende atuar.

Outras questões possíveis:

- *Quais foram as disciplinas de que mais gostou e de quais menos gostou durante o curso? Por quê?*
- *Você pretende fazer mais algum curso? Qual faria? Por quê?*

Aspectos pessoais

As questões são abrangentes e podem ser muito diversificadas, mas têm o objetivo claro de conhecer você como pessoa, incluindo autoconhecimento, atitudes e valores. Exemplo:

- *Descreva o chefe ideal.*

Com a resposta, você indicará com que tipo de pessoas se relaciona melhor, como vê a questão da hierarquia e sua expectativa com relação ao tratamento dispensado a você.

Outras questões possíveis:

- *Se pudesse escolher outra profissão ou área de atuação diferente da atual, qual escolheria? Por quê?*
- *Como você definiria seu relacionamento com os colegas de trabalho?*

Aspectos familiares

Nessa abordagem são checadas as informações do currículo e outras são aprofundadas — referentes à estrutura familiar, à situação socioeconômica e a relacionamentos. São questões objetivas, e sua resposta a elas deve ser clara e verdadeira. Exemplo:

- *Qual é seu estado civil?*

Responda a verdade, lembrando que cada vez são mais comuns situações de separação, divórcio e filhos fora do casamento. Embora ainda possam ser mal vistas por empresas mais tradicionais, você não deve mentir.

Outras questões possíveis:

- *Você tem filhos? Se tem, quantos são e quais idades?*
- *Com quem reside? Quantas pessoas são, qual é o grau de parentesco?*

Aspectos sociais

As questões, nessa abordagem, têm o objetivo de conhecer seu estilo de relacionamento interpessoal, bem como suas preferências e prioridades pessoais. Embora pareçam superficiais, podem trazer informações que confirmam ou não outras questões que você já respondeu anteriormente. Exemplo:

- *O que faz nas suas horas livres?/Como gasta seu tempo livre?*

Essa questão busca identificar seus interesses, nível de energia física e disposição, forma de administrar o tempo e flexibilidade, bem como a importância e o tipo de relacionamento que privilegia.

Outras questões possíveis:

- *Qual foi o último filme a que assistiu (ou livro que leu)? Qual a sua impressão sobre ele?*

- *Você participa de alguma associação ou clube?*
- *Você já realizou trabalhos voluntários?*

Entrevista de seleção por competências: uma breve abordagem

Você já deve ter ouvido falar de *gestão por competências*. Se ainda não ouviu, prepare-se para ouvir muito, pois atualmente é uma das abordagens mais utilizadas por empresas consideradas *de ponta* para definir estratégias, planejar atividades, desenhar os cargos, contratar e gerir pessoas.

Como a gestão por competências abrange todos os subsistemas de uma empresa, pode ser também base dos processos seletivos, inclusive na definição das técnicas de seleção, como uma entrevista (o que já mostramos por dados de pesquisa). Eis por que vamos discutir rapidamente essa abordagem com foco nos processos seletivos.

Para ser considerado *competente* para exercer determinada função, um profissional deve possuir algumas características, como conhecimentos, experiência e formação compatíveis, certo? Essa é a abordagem tradicional. Na abordagem por competências, as exigências vão um pouco além.

Em uma entrevista por competências você será questionado não só com base em seus conhecimentos e habilidades, mas também em suas atitudes expressas em comportamentos já existentes.

Para tornar essa diferenciação mais clara, vejamos algumas questões frequentes em entrevista tradicional e como seriam em uma abordagem por competências.

Entrevista tradicional: O que você pretende fazer daqui a cinco anos?

Entrevista por competência: Quais são seus objetivos profissionais? (Você pode explanar brilhantemente sobre tudo o que pretende atingir, mostrando ambição e visão, porém deve se preparar para responder à próxima questão.)

O que você fez no último ano para atingir os objetivos citados?

Entrevista tradicional: O que o faz perder a calma? O que o faz ficar feliz?

Entrevista por competência: Conte-me uma situação em que tenha perdido a calma e como resolveu.

Entrevista por competência: Fale-me de um fato que o tenha deixado feliz. Qual foi sua participação para que essa situação acontecesse?

Entrevista tradicional: Cite três qualidades e três defeitos que reconhece em você. (Você pode ter escolhido uma característica importante como criatividade, mas deve ter outra resposta melhor ainda para a próxima pergunta.)

Entrevista por competência: Relate uma situação de trabalho em que tenha utilizado a criatividade para resolver um problema.

Concluindo, esse tipo de abordagem força o entrevistado a identificar comportamentos que já tem em seu repertório e que darão consistência às suas respostas.

8.5.4 Dinâmica de grupo

É uma situação organizada para um grupo, a fim de observar os comportamentos dos candidatos a partir da proposição de atividades. Portanto, esse tipo de atividade envolve, no mínimo, seis candidatos (o máximo depende de cada empresa) e, geralmente, é conduzido por um profissional de recursos humanos. Também podem participar mais dois ou três profissionais (depende do tamanho do grupo de candidatos) atuando como *observadores*, geralmente representantes da empresa contratante e o requisitante.

A forma como as atividades são organizadas varia bastante, porém é certo que você precisa disponibilizar um tempo entre duas e quatro horas para participar de uma dinâmica de grupo.

O tipo de atividade desenvolvida é difícil de prever — pode ter um caráter lúdico, envolver situações imaginárias, propostas de problemas inusitados, que *aparentemente* não têm ligação direta com o trabalho que o candidato deverá desempenhar. No entanto, as atividades são escolhidas de acordo com o perfil da vaga em questão, para provocar nos participantes alguns comportamentos que sejam considerados importantes. Então, saiba que, invariavelmente, você estará sendo observado em seu comportamento, em sua ação. Dentre algumas características comuns a serem observadas estão: estilo de comunicação, liderança, trabalho em equipe, organização, resolução de problemas, tomada de decisão, iniciativa.

Apesar da impossibilidade de oferecer uma orientação mais exata, algumas recomendações são possíveis, pois podem ser consideradas regras básicas de comportamento em grupo:

- Aceite participar das atividades propostas, mostre-se disponível.
- Procure expor as suas opiniões, mas sem se colocar como 'o dono da verdade'.
- Procure escutar e trocar ideias com os outros participantes.
- Seja espontâneo e objetivo.
- Respeite os outros participantes e seus limites.
- Contribua para que as soluções sejam encontradas.
- Preste atenção nas instruções dadas, peça esclarecimento se necessário.
- Procure aproveitar o momento como uma oportunidade de aprendizado e contatos.

8.5.5 Testes práticos

São testes diretamente relacionados às habilidades específicas requeridas para determinada vaga. Geralmente, são elaborados e aplicados por um profissional especializado, simulando a atuação na área. Alguns exemplos:

Funções	Tipos de prova
Motorista	Prova de direção no pátio de manobras
Operador de empilhadeira, máquinas	Prova de operação na máquina
Professor	Apresentação simulada em sala de aula

8.5.6 Testes de conhecimentos

Os testes de conhecimentos podem ser aplicados para complementar a análise do perfil dos candidatos nos casos em que outras técnicas não sejam suficientes.

Com relação ao conteúdo, os testes podem ser de:

- conhecimentos gerais, ou seja, aplicados a qualquer área de atuação, como português, matemática, atualidades (política, economia, cinema);
- conhecimentos específicos, ou seja, relacionados a determinada área, como análise de um balanço contábil, interpretação de um desenho técnico ou solução de problemas de engenharia.

> Voltando ao caso da seleção do Google, há essa informação no site, que serve como exemplo: "Nosso processo de entrevista para cargos técnicos avalia suas habilidades principais de engenharia de software, incluindo: programação de códigos, desenvolvimento de algoritmos, estruturas de dados, padrões de projeto, habilidades de pensamento analítico. Durante sua entrevista você conhecerá vários engenheiros em diferentes equipes que lhe darão uma visão de seção transversal da Engenharia do Google. Os entrevistadores lhe farão perguntas e apresentarão problemas relativos à sua área de interesse e pedirão que você as solucione em tempo real".

Algumas orientações:

- É necessário reforçar o cuidado com as informações que coloca em seu currículo, pois elas serão checadas, e esses procedimentos são uma das formas de fazê-lo.
- Se você for informado com antecedência e tiver tempo hábil para tanto, faça uma revisão dos conhecimentos que já tem e que são mais utilizados em sua área de atuação para tê-los disponíveis em sua memória no momento da avaliação. Quanto aos testes práticos, somente se souber quais habilidades serão checadas poderá se preparar, treinando a realização das atividades pertinentes.
- Tente controlar sua ansiedade, pois não é possível adquirir conhecimento ou habilidade consistente rapidamente. Evite demonstrar conhecimentos ou habilidades que não domina.

8.5.7 Testes psicológicos

São instrumentos de análise de uso exclusivo de psicólogos. Geralmente, são considerados complementares e não eliminatórios, ou seja, têm como objetivo confirmar ou não características já observadas em outras técnicas do processo seletivo. Podem ser aplicados para avaliação do potencial intelectual dos candidatos, de suas habilidades específicas, bem como de traços de personalidade.

Existe certa confusão com relação às possibilidades de aprofundamento dessa investigação psicológica, o que leva a uma crença exagerada de que o psicólogo pode 'descobrir tudo' sobre você. É importante saber que os testes psicológicos são instrumentos poderosos e sérios, pois são baseados em teorias reconhecidas, elaborados por meio de estudos minuciosos, e têm sua validade cientificamente comprovada. No entanto, sua aplicação em processos seletivos é limitada a alguns aspectos específicos inerentes à função a ser desempenhada. Os resultados são analisados e apresentados de acordo com princípios éticos rigorosos, no sentido de preservar a privacidade dos candidatos, por isso existe a restrição de seu uso a profissionais capacitados e credenciados.

Algumas recomendações possíveis:

- Procure estar descansado e bem alimentado.
- Geralmente, antes da aplicação é feita uma entrevista rápida, com intuito de levantar algumas informações importantes, como: se você está tomando alguma medicação, se houve alguma mudança drástica na sua rotina, dentre outras. Seja sincero, pois alguns fatos podem alterar sua performance e interferir nos resultados, mas, se forem de conhecimento do profissional que aplica a avaliação, poderão ser ponderados em seu favor.
- Tente controlar a ansiedade, de forma que ela não atrapalhe seu raciocínio, interferindo em seu foco de atenção.

8.5.8 Inventários

Cabe aqui citar e diferenciar os testes psicológicos de outro tipo de testes comumente chamados de inventários. Estes são testes que investigam estilos de personalidade, atitudes e habilidades específicas, porém não são considerados testes psicológicos. Apesar de alguns serem muito utilizados e reconhecidos, até internacionalmente, não possuem reconhecimento pelo CFP (Conselho Federal de Psicologia) como técnica de avaliação psicológica. Por esse motivo, podem ser aplicados por profissionais de qualquer área e, atualmente, a maioria é informatizada. Portanto, podem ser aplicados tanto pessoalmente (com questionários impressos ou respondidos diretamente no computador), quanto pela Internet, e seus resultados são apurados rapidamente.

8.5.9 Outras técnicas

Existem algumas outras técnicas, não necessariamente novas, mas utilizadas em seleção mais recentemente, que despertam curiosidade e polêmica, como a grafologia, a astrologia e a numerologia. Como não são universalmente aceitas, sua aplicação tem relação direta com a cultura da empresa e do profissional que escolhe as técnicas. Talvez você não as conheça nem tenha passado pela experiência de ter sido submetido a elas, mas, de qualquer forma, é interessante que a existência dessas técnicas seja de seu conhecimento.

A mais conhecida e aplicada é a grafologia, sobre a qual podemos fazer uma observação mais atenta. Essa é uma técnica secular (há relatos de sua utilização na China e Grécia anteriores ao século II) para o estudo de características de personalidade por meio da escrita. São analisados diversos fatores, que se combinam de forma única em cada pessoa. Não se trata de avaliar a beleza da letra, mas os mecanismos que produzem a escrita.

Pode ser aplicada individualmente ou em grupo, geralmente em conjunto com outras técnicas de seleção, pois a aplicação é fácil e rápida, por meio de uma redação, mas você será solicitado a escrever em uma folha de papel sulfite, sem pauta, e o texto deve ter, no mínimo, 20 linhas.

A única recomendação possível nesse caso é que tenha cuidado com o conteúdo e a correção do texto, pois também serão analisados.

PARA REFLEXÃO

Se você for bastante observador e tiver feito uma boa análise das informações até aqui, deve ter percebido como os temas se relacionam e, às vezes, até se repetem de forma diferente. Portanto, seja verdadeiro, não minta, não invente situações que não aconteceram, não exagere na valorização de suas qualidades, pois todas as informações podem ser confirmadas ou desmentidas. Sua credibilidade depende disso e pode ser a diferença entre ganhar ou perder uma oportunidade.

8.5.10 Consulta a sites de relacionamento

Como já comentamos anteriormente, a tecnologia tem influenciado algumas práticas de recrutamento e seleção. A mais recente delas é uma eventual consulta à página do Orkut ou a outras comunidades de relacionamento na Internet. Deixando de lado as considerações possíveis sobre a validade dessa prática, pare e pense. Se você possui uma página assim, lembre-se da magnitude da Web: você está expondo (para quem quiser ver, em qualquer lugar do mundo, a qualquer hora) suas preferências, histórias, fotos e informações pessoais, enfim, sua imagem. Cuide dela.

8.5.11 Negociação salarial

Em geral, as empresas procuram obter informações sobre sua pretensão salarial desde o primeiro contato. Você pode oferecer alguns parâmetros — procure deixar a definição de valores exatos para o final do processo seletivo, assim você terá mais informações para fazer uma análise consistente.

Esse é um passo importante e deve ter sua atenção, pois seu posicionamento ainda pode significar a conquista ou a perda de uma oportunidade.

- Preparar-se para a negociação significa estar informado e atualizado quanto à remuneração de mercado para o cargo em questão. Compare as informações obtidas, tendo o cuidado de considerar o porte, a localização e o segmento das empresas pesquisadas.

- Você deve ter em mente seus objetivos profissionais e considerar não só o salário, mas a proposta como um todo. Isso implica analisar atribuições e responsabilidades, a empresa (sua localização, porte, posição no mercado, sua cultura) e possibilidades de desenvolvimento profissional.

- Considere que a remuneração é composta por salário, mas também pelos benefícios oferecidos, afinal alguns benefícios como assistência médica e odontológica podem fazer uma importante diferença no seu orçamento.

- Como em uma negociação comercial, após essa análise, você pode estabelecer uma 'faixa de negociação' em que tenha como referência sua meta salarial (que é seu ideal) e o mínimo aceitável (que não é o ideal, mas que garante um ganho compatível com suas necessidades básicas).

- Outra referência importante pode ser seu último salário (ou atual). Se você está trabalhando, é natural que pense em manter pelo menos o nível atual (não se esqueça de considerar e comparar benefícios e outras vantagens que possa ter com a troca de empresa). Porém, se está disponível no mercado, espera-se que seja um pouco mais flexível.

- Caso esteja participando de outros processos seletivos e tenha ofertas de outras empresas, evite fazer 'leilão' de propostas, seja ético e faça sua escolha considerando a proposta de trabalho como um todo, além de seus objetivos de médio e longo prazos.

FIQUE POR DENTRO

Sobram empregos e salários na construção pesada.

A indústria da construção pesada cresceu, em média, 10% ao ano na última década. O desempenho do setor, que responde pela construção de estradas, pontes, portos e outras obras de infraestrutura, sinaliza o aumento do investimento no país. Com o crescimento recente, a construção pesada expandiu seus postos de trabalho em mais de 50%. Hoje, o setor emprega 400.00 pessoas e ainda tem mais100.000 vagas ociosas por falta de mão de obra especializada. Por causa da escassez de pessoal, os salários do setor subiram 70%.

Fonte: Veja, ed. 2076, n. 35, ano 41, 3 jul. 2008.

8.6 ENCERRAMENTO: ÚLTIMAS RECOMENDAÇÕES

- Quando o representante da empresa sinalizar o encerramento do processo, procure obter uma previsão de data em que a empresa terá uma definição sobre a contratação. Verifique se vai ser comunicado e de que forma. Essa é uma maneira de reforçar seu interesse e garantir uma abertura para entrar em contato com a empresa e obter a resposta, caso não tenha retorno após o prazo informado. No entanto, controle sua ansiedade e evite pressionar a empresa.

- Se a negociação não for encerrada com a sua contratação, procure colocar-se disponível para retomar os contatos em condições mais favoráveis para ambos ou para outras oportunidades. Enfim, cuide para deixar uma boa impressão e 'as portas abertas' até o último minuto.

RESUMO

- Existe um caminho que é necessário percorrer entre seus objetivos de desenvolvimento pessoal e profissional e sua efetiva conquista, no que diz respeito ao trabalho ou prestação de serviços a empresas. Esse caminho é o processo seletivo.
- O processo seletivo é elaborado pelas empresas contratantes para atração (recrutamento) e escolha (seleção) de profissionais que venham a compor sua equipe. Inclui várias etapas subsequentes, que serão cumpridas por meio da aplicação de técnicas específicas.
- Para participar de um processo seletivo, é necessário que se saiba buscar e identificar as oportunidades do mercado, por exemplo, por meio das formas de recrutamento utilizadas pelas empresas. Neste capítulo foram citadas e comentadas, dentre outras: anúncios na Internet e jornais, indicações de funcionários.
- Para identificar as oportunidades mais adequadas ao seu projeto de vida, é preciso que tenha um foco de interesse em que possa concentrar atenção e energia.
- Estando incluído em um processo seletivo, você será submetido às técnicas de seleção: análise de currículo, contatos iniciais, entrevistas (tradicionais e por competência), dinâmicas de grupo, dentre outras.
- Para cada uma das técnicas há um objetivo e uma forma de preparar-se para obter o melhor resultado. Porém, uma recomendação aplicada a todas as técnicas é: seja você mesmo, não minta, não invente.
- O processo seletivo é uma oportunidade de você conhecer empresas, pessoas e fazer contatos. Também é o momento de analisar as propostas de trabalho e de tomar decisões (aceitá-las ou não), de acordo com seus objetivos profissionais e pessoais.
- Ao final do processo, se for o escolhido, parabéns! Cuide para atender às expectativas (suas e da empresa) por meio de sua atuação. Se, por outro lado, não for escolhido, mantenha as portas abertas para outras oportunidades.

REFERÊNCIAS

CHIAVENATO, Idalberto. *Gerenciando com as pessoas*. Rio de Janeiro: Elsevier, 2005.

FRANCO, Simon. "Recrutamento e seleção: a hora da verdade". In: BOOG, Gustavo; BOOG, Magdalena (coords.). *Manual de gestão de pessoas e equipes: operações*. v. 2. São Paulo: Editora Gente, 2002.

GIL, Antonio Carlos. *Gestão de pessoas: enfoque nos papéis profissionais*. São Paulo: Atlas, 2001.

O estilo da empresa: criatividade sem caricatura. *Você S/A*, ed. 87, set. 2005. Disponível em: <http://vocesa.abril.com.br/edicoes/0087/fechado/materia/mt_89807.shtml>. Acesso em: 10 out. 2008.

PENNA, Gabriel. "Seja o talento que o mercado procura". *Você S/A*, ed. 120, jun. 2008. Disponível em: <http://vocesa.abril.com.br/edicoes/120/fechado/informado/mt_282328.shtml>. Acesso em: 21 set. 2008.

RABAGLIO, M. O. *Seleção por competências*. São Paulo: Educator, 2001.

Sobram empregos e salários na construção pesada. *Veja*, ed. 2076, n. 35, ano 41, 3 set.. 2008. Disponível em: <http://veja.abril.com.br/030908/p-050.html3>. Acesso em: 10 set. 2008.

TODESCHINI, Marcos. "Um avatar no RH". *Veja*, ed. 2067, 2 jul. 2008. Disponível em: <http://veja.abril.com.br/020708/p_104.shtml.>. Acesso em: 20 jul. 2008.

SAIBA MAIS

Livros:

BOLLES, Richard Nelson. *Qual a cor do seu pára-quedas? Como conseguir um emprego e descobrir a profissão dos seus sonhos*. Rio de Janeiro: GMT Editores, 1998.

CHIAVENATO, I. *Carreira: você é aquilo que faz — como planejar e conduzir seu futuro profissional.* São Paulo: Saraiva, 2006.

Revistas:

Você S/A.

"150 melhores empresas para trabalhar" – *Guia Exame/ Você S/A*

Revista Melhor.

Sites:

Catho – Consultoria de Recolocação Profissional: atuação em âmbito nacional, com profissionais de todas as áreas e níveis. No portal, é possível cadastrar seu currículo, consultar vagas (para enviar o currículo é necessário ser assinante) e ler artigos dirigidos a profissionais e empresas (http://www.catho.com.br).

Curriculum: você precisa se cadastrar para ter acesso a todas as informações, que incluem vagas cadastradas pelas empresas, pesquisa salarial, perfil do mercado etc. O cadastro de currículo é gratuito, mas há outros serviços pagos (http://www.curriculum.com.br).

Instituto Via de Acesso: organização não governamental que promove a integração de jovens profissionais no mercado a partir de programas de capacitação, inserção (estágios, programas de *trainees*, Menor Aprendiz e Primeiro Emprego) e eventos (http://www.viadeacesso.org.br).

Michael Page: consultoria especializada em recrutamento de executivos para média e alta gerências (http://www.michaelpage.com.br).

Robert Half: consultoria especializada em recrutamento de executivos em finanças, TI, engenharia, marketing e vendas (http://www.roberthalf.com.br).

ATIVIDADES

1. Teste um pouco mais sua compreensão sobre o tema por meio de simulações entre os colegas.

   - Procure a seção "Abordagens frequentes em entrevistas" e escolha cinco perguntas dentre as que foram utilizadas como exemplo. Tente incluir pelo menos uma questão sobre cada abordagem (aspectos profissionais, acadêmicos, pessoais, familiares e sociais).
   - Responda as questões, por escrito.
   - Leia as respostas e refaça-as quantas vezes achar necessário, até que estejam coerentes e que você se sinta à vontade em respondê-las.
   - Reveja as informações do item, discuta com os colegas, e peça um *feedback* sobre a impressão que suas respostas provocaram.
   - Considere as observações recebidas para seu aperfeiçoamento.

2. Acesse a página na Internet da revista *Você S/A* e simule uma entrevista (http://vocesa.abril.com.br/informado/aberto/ar_274957.shtml).

   Responda as questões colocadas pela ferramenta, pesquise respostas e reflita sobre elas.

3. Procure informações sobre o mercado, fazendo o seguinte exercício:
   - Pense na área de formação que você escolheu.
   - Procure um profissional, já graduado e atuante, que poderia ser um possível contratante.

   Faça uma breve entrevista com esse profissional para identificar:
   - Quais são as áreas de atuação? Por exemplo, um psicólogo pode atuar em clínicas (atendimento particular), em empresas, hospitais, escolas etc.
   - Como os processos seletivos são feitos? Quais as técnicas mais aplicadas etc.
   - Quais as vantagens e dificuldades mais frequentes na atuação?

TEMA PARA REFLEXÃO E PRODUÇÃO DE TEXTO

Elabore uma breve redação, com no mínimo 20 linhas, abordando o tema: O que faz de mim um profissional empregável?

CAPÍTULO 9

PLANEJAMENTO FINANCEIRO PESSOAL

Francisco Sérgio Tittanegro

OBJETIVOS DE APRENDIZAGEM

APÓS LER O TEXTO E PRATICAR AS ATIVIDADES PROPOSTAS, VOCÊ SERÁ CAPAZ DE:

- DEFINIR O QUE É GESTÃO FINANCEIRA PESSOAL.
- CONCEITUAR DECISÕES DE INVESTIMENTO E DECISÕES DE FINANCIAMENTO.
- CONCEITUAR PLANEJAMENTO E CONTROLE.
- DEFINIR O QUE SÃO GASTOS SUPÉRFLUOS E GASTOS PRIORITÁRIOS.
- ELABORAR O PLANEJAMENTO DE INVESTIMENTOS.
- ELABORAR O PLANEJAMENTO MENSAL.
- APRENDER A CONTROLAR OS GASTOS E FORMAR POUPANÇA.

INTRODUÇÃO

Quando nos encontramos em dificuldades financeiras, independentemente de quanto ganhamos, temos uma sensação de falta de controle em relação ao dinheiro, e frases do tipo 'Não importa quanto dinheiro eu ganhe, gasto tudo', 'Quanto mais ganho, mais gasto' e 'Nunca ganho o suficiente' são comuns em nosso cotidiano.

Se você está nessa situação e tem como meta de vida somente pagar as contas, temos uma boa e uma má notícia. A má notícia é que, enquanto você viver, haverá contas para pagar. A boa notícia é que há alternativa para esse problema: basta que você assuma o controle da situação e tenha coragem de mudar sua postura em relação ao dinheiro e ao seu futuro.

> **PARA REFLEXÃO**
>
> Muitas vezes, não é o que não sabemos que nos põe em dificuldades. É que aquilo que sabemos que não é bem assim.
>
> Bom senso não é necessariamente boa prática.
>
> Will Rogers

Quanto ao futuro, é importante que se tenha um projeto de vida escrito, pois ele é uma visualização antecipada da vida que se deseja ter ou levar; dessa forma, ele se torna um poderoso instrumento no processo de sonhar e realizar.

Se o que está escrito é nosso desejo, cria-se então um compromisso traduzido em objetivos e metas a curto e longo prazos. É importante saber para onde vamos e como fazer para atingir o sucesso desejado; para tanto, precisamos aprender e entender que isso inevitavelmente implica, no presente, um processo de tomadas de decisões que afetarão o nosso futuro, decisões estas das mais variadas naturezas.

Se essas decisões nortearão o resto de nossa vida, é importante entender os mecanismos de como elas se processam e de que maneira podemos interferir. Boa parcela dessas decisões passa, indubitavelmente, por decisões de ordem financeira.

Já diz o ditado popular "Dinheiro não traz felicidade", porém, a falta dele traz infelicidade, o que se pode comprovar por meio de outro ditado popular: "Quando a crise entra pela porta, o amor sai pela janela".

Crises financeiras sempre existiram e sempre vão existir; todos nós estamos sujeitos a elas em algum momento de nossa vida, e parece que para alguns elas duram a vida toda.

Por consequência, tais crises acabam gerando outras crises de ordem familiar, pessoal, emocional, ou mesmo de saúde. O importante é que temos como gerenciá-las, prevê-las e até evitá-las. Para tanto, basta exercer uma gestão eficaz, eficiente e efetiva do processo de tomada de decisões, com auxílio de duas importantes ferramentas de gestão: o planejamento e o controle.

Essas ferramentas são imprescindíveis para garantir a realização das nossas metas e objetivos, prevendo e prevenindo crises e melhorando a qualidade de vida no presente e no futuro.

Tudo isso parece simples, porém o maior problema é que, quando pensamos em planejamento e controle, esses termos despertam em nós alguns sentimentos desmotivadores.

Quando pensamos em planejamento, logo vem à mente uma longa lista de obstáculos, quase sempre acompanhada de um sentimento de medo. Uma frase atribuída a Henry Ford diz que "obstáculos são aquelas coisas assustadoras que vemos quando desviamos os olhos de nossas metas". Surgem, então, desculpas do tipo: "Para que planejar se tudo vai dar errado mesmo?", ou ainda, "Como vou adivinhar o futuro?". Esse é o jeito de pensar do comodista e do derrotado.

Da mesma forma, a palavra controle impõe a ideia de cerceamento e perda de liberdade, como se esse ato gerasse eterna insatisfação. Portanto, se há resistências a essas condutas, é necessário perguntar:

- O que o impede de elaborar um planejamento que ajude a realizar seus sonhos?
- O que o impede de proporcionar uma tranquilizadora sensação de total controle sobre seu dinheiro?

> **PARA FIXAR**
>
> Planejamento: processo de reflexão que precede a ação e define antecipadamente o curso da ação, prevendo a escolha de alternativas mais adequadas às suas expectativas de futuro e à sua realidade de vida. É o pensar de forma contínua sobre os caminhos a percorrer, determinando os meios para atingir os resultados esperados.
>
> Controle: sistema permanente de aferição de resultados que permite comparar o desempenho em relação aos objetivos planejados, verificando os desvios e gerando informações para que sejam feitas as mudanças necessárias e em tempo, a fim de que o desempenho se adapte às novas realidades.

As respostas são basicamente as mesmas para as duas questões: nada o impede, apenas as suas limitações. Portanto, basta superá-las.

Essa superação decorre do desejo de querer mudar em face das escolhas que fizermos para o futuro, escolhas estas que devem estar explicitadas no planejamento.

Um dos principais objetivos da gestão financeira pessoal é ajudá-lo a estabelecer uma relação mais saudável com o dinheiro; entendendo melhor o funcionamento da gestão financeira, você aprende a tomar decisões inteligentes para o uso do seu dinheiro, e essa atitude se traduz em benefícios financeiros, favorecendo ainda mais seu relacionamento com ele. Outro ponto importante é questionar quanto essas atitudes melhorariam sua qualidade de vida, e talvez esse seja um bom fator de motivação ao planejamento e controle.

Quando você consegue ter a sensação de profunda satisfação por saber que está destinando seu dinheiro para o caminho da concretização de seus sonhos, previstos no seu planejamento, já está melhorando a qualidade de sua vida.

Para que isso aconteça, é necessário entender o processo de tomada de decisões financeiras, o qual, para efeito de gestão financeira pessoal, é dividido em duas etapas distintas:

1. decisão de investir;
2. decisão de financiar.

Essas decisões acontecem a todo o momento e, por vezes, passam despercebidas, mesmo após termos optado pelo certo ou pelo errado.

Como a gestão financeira pessoal se assemelha à gestão de uma empresa, alguns fundamentos de gestão financeira empresarial caem muito bem nesse contexto, como, por exemplo, a necessidade de planejamento a curto, médio e longo prazos, conforme demonstrado na Figura 9.1.

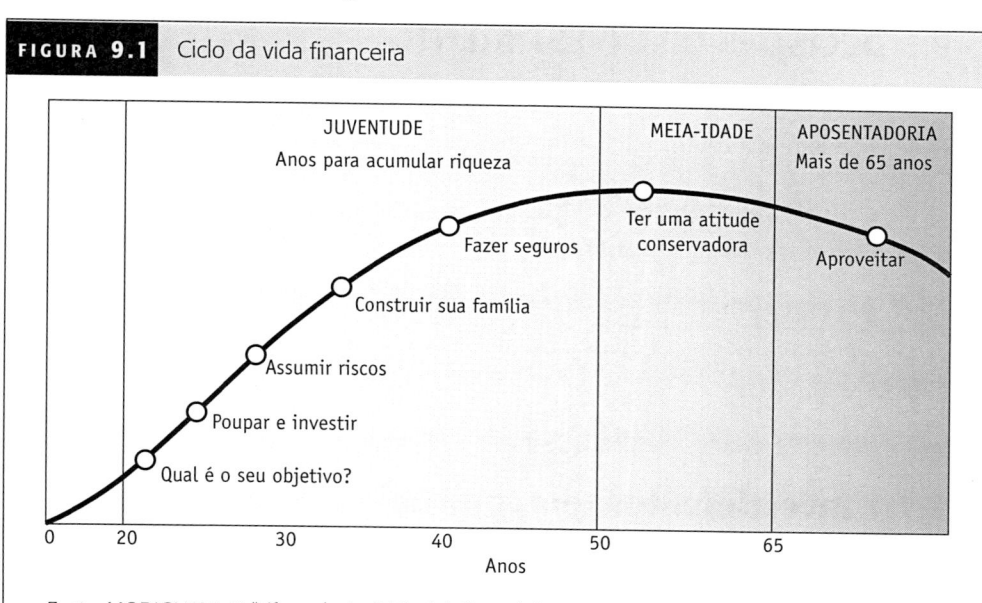

> **PARA REFLEXÃO**
>
> Os problemas financeiros familiares decorrem de decisões ou escolhas ruins. Se você enfrenta dificuldades dessa natureza, a culpa não é dos juros elevados dos bancos, mas sim de um padrão de vida elevado demais para a renda da família.
>
> Gustavo Cerbasi

FIGURA 9.1 Ciclo da vida financeira

JUVENTUDE — Anos para acumular riqueza
- Qual é o seu objetivo?
- Poupar e investir
- Assumir riscos
- Construir sua família
- Fazer seguros

MEIA-IDADE
- Ter uma atitude conservadora

APOSENTADORIA — Mais de 65 anos
- Aproveitar

Anos: 0, 20, 30, 40, 50, 65

Fonte: MODIGLIANI, F. "Life cycle, individual thrift, and the wealth of nations". *The American Economic Review*, n. 76, p. 297-313, 1986.

FIGURA 9.2 Balança de investimentos e financiamentos

INVESTIMENTOS   FINANCIAMENTOS

Sua saúde financeira é como uma balança de pratos, que deve estar em equilíbrio o tempo todo (veja a Figura 9.2).

O prato da esquerda representa os seus *investimentos*, e o da direita, os seus *financiamentos*. A partir daí, uma premissa básica tem de ser respeitada: para todo *investimento*, necessariamente tem de haver um *financiamento* de igual valor, para que se dê o equilíbrio dos pratos.

Se toda decisão de investimento passa necessariamente por uma decisão de financiamento, quer você esteja consciente disto ou não, é necessário que você entenda bem esses dois conceitos. Para tanto, vamos analisar cada prato individualmente.

9.1 DECISÕES DE INVESTIMENTO

Para efeito de aplicabilidade no seu planejamento e, posteriormente, no controle, sugerimos a divisão do prato de *investimentos* em duas partes distintas:

- investimentos temporários;
- investimentos permanentes.

Já que tanto um quanto outro representa gastos, essa divisão se faz necessária apenas para melhorar o gerenciamento dos investimentos em termos de necessidades e benefícios.

> Todo e qualquer valor que possa representar saída de dinheiro no presente e no futuro.

9.1.1 Investimentos temporários

De forma bem simples, *investimento temporário* pode ser definido como todo gasto que traz benefícios temporários ou, ainda, todo gasto que traz uma satisfação momentânea (exceto aquele que logo será denominado despesa).

> Todo e qualquer gasto relativo à manutenção do grupo familiar em determinado período.

Para facilitar o entendimento quanto a esse tipo de investimento, basta lembrar-se das situações cotidianas que o impulsionam a gastos desnecessários, pois a grande maioria das pessoas se contenta com pequenos e breves momentos de felicidade, apoiando-se em outro ditado popular: "Mais vale um gosto que dinheiro no bolso".

Esses momentos acontecem, por exemplo, quando você vai a uma banca de jornais e compra aquela revista de que não precisa, ou quando compra um CD com 20 músicas por causa daquela única que não para de tocar no rádio, ou quando entra em uma loja de eletrônicos e gasta com a compra de um novo e revolucionário aparelho que na propaganda da TV promete executar tarefas das quais você não necessita e nem sabe para que servem.

Geralmente, somos levados pelos apelos de marketing desses produtos, ficando sempre com a sensação de que, a partir daquele momento, não conseguiremos mais sobreviver neste mundo sem eles.

Na maioria das vezes, até de forma inconsciente, parte-se do pressuposto de que, se não aproveitar aquela oportunidade, nunca mais se terá condições de adquirir aquele produto fantástico. Isso traz uma sensação de impotência, seja pelo fato de um grande número de pessoas do seu círculo de relacionamento já o ter adquirido, seja pela perda da oportunidade de sair na frente, sendo o primeiro do grupo a usufruir dos benefícios do tal produto.

É preciso lembrar sempre que uma das funções do marketing é despertar o desejo de consumir, independentemente da necessidade do consumo, e que, quando você se contenta com esses momentos passageiros de alegria e felicidade, pode estar investindo em algo que não estava previsto no seu planejamento, adiando seus sonhos e conquistas e, cada vez, obtendo uma sensação de impossibilidade e fracasso.

> **PARA REFLEXÃO**
>
> Todos temos sonhos. Mas, para que esses sonhos se tornem realidade é preciso muita determinação, dedicação, autodisciplina e esforço.
>
> Jesse Owens

9.1.2 Investimentos permanentes

Os *investimentos permanentes* são gastos que podem trazer benefícios no presente e, com certeza, beneficiarão você no futuro, pois, a longo prazo, colocam-no em uma posição mais segura e confortável e, na maioria das vezes, privilegiam a qualidade de vida.

São investimentos que representam agora, ou no futuro, o resultado do seu planejamento ou, ainda, gastos que podem e devem auxiliar na consecução de seus objetivos e metas. Esses gastos podem até representar, e na maioria das vezes representam, sacrifícios de benefícios presentes para que se possa usufruir de algo no futuro.

De maneira geral, é necessário planejar bem o futuro, pois é lá que você viverá o maior tempo de sua vida. Portanto, os investimentos permanentes representam sua garantia de um futuro melhor.

Um típico investimento permanente com resultados a longo prazo é a conquista de uma profissão por meio de um curso superior. Ninguém estuda para piorar de vida; pelo contrário, estudamos para melhorar de vida em todos os sentidos. O curso superior representa sua garantia de melhor emprego no futuro e, por consequência, de melhores salários.

Nesse momento de vida, deve-se privilegiar esse investimento em detrimento de outros, principalmente se não houver possibilidade de financiamento para todos os seus possíveis investimentos — esse sacrifício com certeza será compensado no futuro.

A classificação dos investimentos permanentes não é rígida, pois está mais ligada ao momento de vida do que a uma classificação formal. Independentemente disso, o importante é que, na tomada de decisão, seja levado em consideração o objetivo desse investimento.

Se, para uns, é imprescindível e necessário sacrificar investimentos temporários a fim de privilegiar os permanentes, para outros, com condições econômico-financeiras estáveis, já não há tanta necessidade de investimentos permanentes, sendo mais razoável investir nos temporários, privilegiando a satisfação momentânea.

9.2 DECISÕES DE FINANCIAMENTO

Lembrando a figura da balança, no prato da direita estão as suas *fontes de financiamento*, que também estão divididas em duas partes distintas:

- fontes de financiamento de terceiros;
- fontes de financiamento próprias.

Tanto uma como a outra são limitadas, portanto restringem sua capacidade de investimento. Se sua opção for utilizar fontes de financiamento de terceiros, o limite é sua capacidade de crédito, pois investirá utilizando recursos de bancos, financeiras, crediários de lojas, cartão de crédito, cheque especial, CDC (Crédito Direto ao Consumidor) e tantas outras modalidades de crédito disponíveis no mercado.

Se a sua opção for financiar com fontes de financiamento próprias, o limite está no seu potencial de *formação de poupança*, que será explicado mais adiante. De qualquer forma, sempre é bom lembrar que para investir dependemos de financiamento, e o financiamento é limitado.

9.2.1 Fontes de financiamento de terceiros

Mesmo com as limitações, obter crédito hoje em dia *tornou-se muito mais fácil*, pois os bancos disponibilizam linhas de crédito pré-aprovadas e limites de cheque especial com muito mais facilidade e agilidade que alguns anos atrás;

as operadoras de cartão de crédito enviam cartões à sua casa sem ao menos você ter solicitado algo parecido.

O grande problema reside exatamente na utilização dessas linhas de crédito, pois é necessário sempre observar o custo dessas operações, além da preocupação mais comum: se determinada prestação ou parcela cabe no seu orçamento, sem se importar com o custo efetivo das transações (taxa de juros).

É preciso lembrar que no Brasil é prática comum a incidência de juros sobre juros, portanto, o custo das transações deve ser sempre considerado no momento do investimento.

Por isso, quando você se sentir impulsionado a determinado gasto, lembre-se das seguintes opções:

- Exercer o desejo de consumo naquele momento, utilizando *fonte de financiamento de terceiros*, pagando juros por isso.
- Postergar o desejo de consumo e, por meio da formação de poupança, utilizar no futuro de *fonte de financiamento própria*, ganhando juros por isso.

É uma questão de escolha: ou os juros trabalham a seu favor ou trabalham contra você — lembrando que a taxa de juros paga é sempre maior que a taxa de juros recebida.

9.2.2 Fontes de financiamento próprias

São os recursos oriundos basicamente da sua capacidade de formar poupança, e essa formação se dá segundo o esquema a seguir:

Renda (-) Despesas (-) Financiamentos (=) Poupança

Em termos de planejamento, sempre projetamos a equação de tal maneira que seu resultado seja positivo. Isso é natural, até porque colocamos certa dose de otimismo quando elaboramos o planejamento.

Dessa forma, as *despesas* e os compromissos até então assumidos com o pagamento de *financiamentos* estão equacionados em relação à *renda* para o período projetado.

Na etapa de *controle*, também é importante a classificação das entradas e saídas de recursos da forma anteriormente esquematizada, pois o monitoramento e o acompanhamento permitem a elaboração de um relatório mensal nesse formato.

Lembre-se sempre de que monitorar as finanças pessoais requer disciplina e autocontrole. A observação e a manutenção atualizada dos registros detalhados desse fluxo de entradas e saídas de recursos permitem entender o que está acontecendo com suas finanças e possibilitam comparar os resultados do período ao seu planejamento. Posteriormente, você pode avaliar seu desempenho comparando o realizado com o planejado.

PARA FIXAR

Renda: soma dos *salários líquidos* creditados no contracheque de todos os componentes do grupo familiar.

Despesas: soma de todos os gastos com manutenção do grupo familiar, como: alimentação, aluguel, água, energia elétrica, telefone, vestuário, transportes, impostos etc.

Financiamentos: soma de todos os gastos com *investimentos* já realizados, como: pagamentos de mensalidade escolar, pagamentos de prestações referentes à compra de móveis, eletrodomésticos e eletroeletrônicos, pagamentos de financiamento de veículos e pagamento de financiamento bancário.

Se em determinado período o resultado da equação foi positivo, ocorreu *formação de poupança*, então você poderá fazer novos investimentos nos períodos seguintes tendo como base esse excedente; ele determinará quanto você poderá investir.

Ao contrário, se em determinado período o resultado da expressão foi negativo, portanto não houve *formação de poupança*, então você deverá redimensionar suas despesas para o próximo período e/ou esperar o término do pagamento de algum outro investimento já compromissado, para então pensar em novos investimentos.

Vale lembrar que, se houve resultado negativo em algum período, é sinal de que algo que não estava previsto no seu planejamento aconteceu, portanto, a situação requer uma ação corretiva imediata.

9.2.3 Planejamento financeiro

> **PARA REFLEXÃO**
>
> Se você não sabe para onde ir, qualquer caminho serve.
>
> Lewis Carrol
> Alice no País das Maravilhas

Planejar financeiramente sua vida permite realizar seus sonhos de modo mais simples, rápido e barato; esse é o momento reservado para fixação de suas metas, portanto elas devem ser escritas em termos específicos e mensuráveis, com prazos realistas e administráveis.

É importante saber diferenciar seus sonhos de suas metas: o sonho é algo que você deseja; a meta é a quantificação do seu sonho com valores e prazos determinados no seu planejamento. Para tanto, estabeleça metas que possam ser visualizadas e alcançada em determinado tempo, como, por exemplo, um ano.

Pensar nos sonhos é importante; registrar as metas é ainda mais importante. Coloque-as no papel lembrando que elas representam os investimentos que deseja fazer e classifique-as segundo os conceitos vistos anteriormente (utilize o Quadro 9.1).

QUADRO 9.1 Investimento para o ano de...

Investimentos temporários	R$
1.	
2.	
3.	
4.	
5.	
...	
Investimentos permanentes	**R$**
1.	
2.	
3.	
4.	
5.	
...	
Total de investimentos	

Da mesma forma, coloque em seu planejamento como você pretende financiar seus investimentos, lembrando da classificação das fontes de financiamento (veja o Quadro 9.2).

ABRE ASPAS

... O Brasil é onde mais pessoas se preocupam com o futuro e onde menos se faz poupança...

Pesquisa realizada em 12 países pelo Principal Financial Group (mar. 2004).

QUADRO 9.2 Financiamentos

Financiamentos	R$
Financiamentos de terceiros	
Financiamentos próprios (*)	
Total de financiamentos	

(*) Valor da formação de poupança.

O total de financiamentos você já tem, pois ele deve ser igual ao total de investimentos para que a balança esteja em equilíbrio.

Uma maneira bem simples de determinar os valores de cada fonte é seguir os próximos passos:

- atribua o valor da meta de *formação de poupança* ao quadro de *financiamentos próprios* (veja o Quadro 9.3);
- calcule a diferença entre o *total de financiamentos* e o valor de *financiamentos próprios*;
- atribua o valor dessa diferença ao quadro de *financiamento de terceiros*.

Como na fase de planejamento pode ser difícil você determinar especificamente que tipo de financiamento de terceiros utilizará (crédito pessoal, crediário, financiamentos bancários etc.), basta levantar a necessidade e, no momento certo, pesquisar a melhor opção, levando em consideração prazos, taxas de juros e limites de crédito.

Em seguida, elabore seu planejamento para o próximo ano, com o auxílio da *planilha de orçamento mensal*, que, além de planejar seus rendimentos e gastos mensais durante o ano, tem como principal objetivo determinar a meta de *formação de poupança*.

QUADRO 9.3 Planilha de orçamento mensal

CONTAS	JAN.	FEV.	MAR.	...	DEZ.
Entradas (renda do grupo familiar)					
Salário líquido de...					
Salário líquido de...					
Outras rendas					
...					
1. Total de entradas					

(Continua)

QUADRO 9.3	Planilha de orçamento mensal (continuação)
1. Saídas (despesas do grupo familiar)	
Alimentação	
Habitação	
Vestuário	
Transporte	
Higiene e cuidados pessoais	
Assistência à saúde	
Educação	
Recreação e cultura	
Fumo	
Serviços pessoais	
Despesas diversas	
2. Total de saídas	
3. Financiamento	
4. Formação de poupança (4 = 1 − 2 − 3)	

A título de orientação para a distribuição das despesas, pode ser utilizado o modelo de distribuição de despesas da POF – Pesquisa de Orçamento Familiar 2002-2003 do IBGE, mostrado na Tabela 9.1.

TABELA 9.1	Modelo de distribuição de despesas
Tipos de despesas	
Alimentação	20,75%
Habitação	35,50%
Vestuário	5,68%
Transporte	18,44%
Higiene e cuidados pessoais	2,17%
Assistência à saúde	6,49%
Educação	4,03%
Recreação e cultura	2,39%
Fumo	0,70%
Serviços pessoais	1,01%
Despesas diversas	2,79%
Total de despesas	100%

Fonte: IBGE – Diretoria de Pesquisas e Coordenação de Índices de Preços.

ABRE ASPAS

" ... Pesquisa de orçamento familiar revela que 85% das famílias sentem alguma dificuldade para chegar ao final do mês com seus rendimentos...

IBGE (pesquisa realizada entre julho de 2002 e julho de 2003). "

Esse planejamento mensal é o orçamento doméstico que deverá ser executado no dia a dia. Na fase de controle, ele servirá de base de comparação ao final de cada mês para avaliar seu desempenho e, se necessário, corrigir a rota em direção à meta de formação de poupança.

Esse planejamento como um todo deve ser revisto periodicamente ao longo do ano e, a cada nova decisão de investimento, deve ser consultado para que você não se desvie do caminho da realização de suas metas.

9.2.4 Controle financeiro

Quando você gasta mais do que tem, obrigatoriamente tem de financiar essa diferença com financiamento de terceiros, e esse financiamento é feito quase sempre da pior maneira — cheque especial, por exemplo —, provocando endividamento não planejado.

Se você pretende gastar todo o valor que recebe sem respeitar o planejamento anteriormente elaborado, certamente terá problemas, pois qualquer eventualidade o colocará em situação de crise.

É importante que você controle cada detalhe de seu orçamento doméstico, comparando sempre os valores realizados com os previstos. Para isso, é aconselhável que anote cada gasto do período em uma planilha com o mesmo formato da planilha de orçamento.

Dê um tratamento diferenciado aos gastos relevantes aos quais você previamente designou uma conta no seu orçamento (por exemplo, aluguel). Para os pequenos gastos do dia a dia, dê um tratamento generalizado, aglutinando-os em um único valor. No entanto, todo cuidado é pouco, porque essas pequenas despesas costumam ser esquecidas no momento de contabilizar. Por exemplo, se você gasta diariamente R$ 5,00 com cafezinho, no final do mês isso pode representar R$ 100,00 de despesas não previstas, ou R$ 1.200,00 ao final de um ano.

Experimente por um período (por exemplo, um mês) manter em sua carteira um pequeno pedaço de papel com o objetivo de anotar todos os pequenos gastos efetuados diariamente. Anote todos, sem exceção, por menores que sejam e por menos relevantes que possam parecer, e classifique-os segundo o tipo de gasto.

Gastos	R$
Ônibus	2,50
Café	2,00
Lanche	5,00

Num primeiro momento pode parecer um controle severo ou trabalhoso demais, e que acabará deixando você neurótico. No entanto, você perceberá ao final desse período a quantidade de dinheiro que gasta de forma inconsciente — gastos que não estavam previstos no seu orçamento.

Esses gastos inconscientes acabam funcionando como uma espécie de ralo em nosso planejamento financeiro, por onde nosso dinheiro desaparece sem deixar vestígios. Só nos apercebemos disso e conseguimos justificar a partir do momento que começamos a prestar mais atenção aos nossos gastos diários por meio dessas anotações.

É fundamental ter um controle de todos os gastos, por menos relevantes que eles possam parecer. Outro ponto importante com relação ao controle é que ele é o alarme do seu padrão de vida.

Ao projetar seus gastos para o período, você escolheu um padrão de vida, levando em consideração seu momento e seu projeto de vida. É importante, então, que tudo contribua para que isso aconteça, afinal, é isso que você deseja. Portanto, controlar é manter o rumo dos acontecimentos nessa direção.

Buscar melhorar o padrão de vida é uma meta que deve ser estabelecida para que você não se torne escravo dos seus bens e hábitos. Todas as vezes que você eleva seu padrão de vida, todos os seus gastos tendem a elevar-se proporcionalmente, aumentando o risco de insolvência financeira.

Controlar todos os gastos e compará-los ao planejamento faz soar o alarme toda vez que o padrão de vida se elevar acima do previsto.

9.3 INADIMPLÊNCIA/INSOLVÊNCIA

Na gestão financeira pessoal é importante não deixar dívidas para trás. De nada adiantará o planejamento, para o presente e para o futuro, se ele, antes, não resolver suas dívidas.

Aquele velho ditado "Devo, não nego, pago quando puder e não digo quando porque não sou profeta" só é válido para aqueles que não se incomodam com a situação de inadimplência e com as consequências dessa situação na vida.

Caso você esteja nessa condição, observe os seguintes passos:

1. Procure o credor da dívida o mais rápido possível, pois ela cresce exponencialmente (juros sobre juros).

2. Tente uma renegociação, pois isso demonstra caráter de pagamento, essencial para a manutenção do crédito.

3. Exponha suas dificuldades e tente ajustar a proposta do credor à sua realidade, formalizando acordos com parcelas que sejam suportáveis no seu orçamento.

4. Nos casos de renegociações longas, ajuste seu orçamento a essa realidade, evitando outro endividamento por 'falta' de caixa.

5. Não espere o credor tomar atitudes de cobrança. Isso pode acarretar problemas das mais diversas ordens.

6. Lembre-se: essa é uma situação temporária, portanto, concentre-se em resolver esse passado.

A energia gasta para resolver essas situações poderia ser canalizada para executar o seu planejamento, por isso trabalhe sempre no sentido de evitá-las.

O dinheiro obedece à lógica de que prosperidade atrai prosperidade. Quanto mais poupança formar, mais dinheiro terá e sua saúde financeira estará sempre equilibrada, suas metas serão atingidas e seus sonhos, realizados. A conquista desse sucesso depende das atitudes e posturas em relação ao dinheiro apresentadas neste capítulo.

Em alguns momentos de nossa vida, deparamos com situações que nos fazem pensar que poderíamos ter tomado um rumo bem diferente. Mas é sempre bom lembrar que é possível mudar o curso da nossa história a qualquer momento; basta começar.

> **PARA REFLEXÃO**
>
> O futuro pertence àqueles que acreditam na beleza de seus sonhos.
>
> Eleanor Roosevelt

Resumo

- Estar em dificuldade financeira traz uma sensação de falta de controle em relação ao dinheiro, independentemente de quanto ganhamos.
- Contas a pagar sempre vão existir, portanto, basta que você assuma o controle da situação e tenha coragem de mudar a sua postura em relação ao dinheiro.
- É importante que você tenha um projeto de vida escrito para visualizar de forma antecipada a vida que deseja ter no futuro, criando, dessa forma, um poderoso instrumento de realização dos seus sonhos.
- Planejar o futuro implica, no presente, um processo de tomada de decisões, inclusive de ordem financeira.
- Crises financeiras sempre vão existir, mas temos como gerenciá-las. Para tanto, basta exercer uma gestão eficaz, eficiente e efetiva sobre o processo de tomada de decisões, utilizando o planejamento e o controle.
- A utilização dessas ferramentas colabora para o processo de melhoria da qualidade de vida no presente e no futuro.
- Planejar e controlar podem despertar sentimentos desmotivadores. Talvez por comodismo, não gostamos de planejar e, por medo de perder nossa liberdade em relação dinheiro, não gostamos de controlar. Superar essas barreiras é demonstrar que se quer mudar em relação às escolhas para o futuro e, por meio da gestão financeira pessoal, é possível estabelecer uma relação mais saudável com o dinheiro, tendo a certeza de que o está destinando à concretização dos sonhos.
- O processo de tomada de decisão é dividido em duas etapas: decisão de investir e decisão de financiar; dessa forma, toda decisão de investimento traz consigo uma decisão de financiamento.
- Os investimentos são classificados em investimentos temporários (gasto que traz benefício temporário) e investimentos permanentes (gasto que traz benefício no presente e no futuro).
- As fontes de financiamento são classificadas em: fontes de terceiros (empréstimos bancários, crediário, cheque especial) e fontes próprias (formação de poupança).
- No planejamento financeiro anual você deve lançar suas metas e quantificá-las com relação ao valor, classificando-as quanto ao tipo de investimento e, em seguida, determinando que tipo de financiamento fará. Como a fonte de financiamento próprio advém da formação de poupança, é necessário elaborar a planilha de orçamento mensal.
- O mesmo modelo da planilha de orçamento mensal deverá ser adotado para a fase de controle, assim como um controle de bolso para os pequenos gastos diários.
- Controlar os gastos e compará-los aos do planejamento é a garantia da realização das metas previstas e, consequentemente, dos seus sonhos.

- A gestão financeira pessoal só é válida quando ela resolve o passado, equaciona o presente e viabiliza o futuro. O dinheiro obedece à lógica de que prosperidade atrai prosperidade. Para que essa lógica aconteça, são necessárias posturas em relação ao dinheiro que equacionem seu passado, seu presente (respeitando o momento de vida) e seu futuro; só assim você terá uma qualidade de vida melhor e seus sonhos se realizarão.

SAIBA MAIS

Sugestão de links relacionados à gestão financeira pessoal que poderão auxiliá-lo:
www.educfinanceira.com.br
www.edufinanceira.org.br
www.dinheirama.com
www.bovespa.com.br/Investidor/HomeMulheres/EducacaoFinanceira.asp
www.educacaofinanceiradisop.com.br/

Livro:
KIYOSAKI, R. T.; Lester, S. L. *Pai rico, pai pobre*. Rio de Janeiro: Campus, 2000.

ATIVIDADES

Roteiro para estudo

Pensando no que foi estudado e no Estudo de caso indicado no quadro "Para reflexão", pense e analise os seguintes pontos:

1. Tenho o hábito de pensar no futuro?
2. Dedico algum tempo para pensar no futuro e estabelecer ações nessa direção?
3. O meu planejamento contempla ações de longo prazo que poderão contribuir para uma vida melhor no futuro?
4. Tenho uma postura mais imediatista ou procuro abrir mão de algo no presente em prol de algo esperado no futuro?

PESQUISA

- Faça uma pesquisa com pessoas aposentadas e verifique como elas pensavam quando jovens em relação ao futuro.
- Verifique se essas pessoas têm hoje a vida que imaginavam ter, principalmente em termos financeiros.
- Faça uma relação entre a pesquisa e o texto e reflita sobre a importância do planejamento em sua vida.

PARA REFLEXÃO

Há um estudo de caso bem interessante, escrito por Erika Sallum, que fala, entre outras coisas, da importância de planejar nosso futuro financeiro em contraposição à falta de visão do futuro dos brasileiros. Além disso, o texto mostra uma rápida conversa com o economista Eduardo Giannetti sobre essas e outras questões. A leitura deste caso será bastante útil nas atividades no fim do capítulo. Para ler o estudo na íntegra, acesse o link: <http://www.controlefinanceiropessoal.com.br/controlefinanceiro/ARTIGO-CONTROLE-FINANCEIRO-PESSOAL-38-O+AMANHA+COMECA+HOJE.htm>